U0748714

陕西出版资金资助项目

看陕西丛书

总主编 洪 卫 周正履

看陕西——当今魅力

主编 秦 枫 周正履

西安电子科技大学出版社

内 容 简 介

　　本书挖掘陕西文化和自然生态资源的丰富内涵，以"人文山水，大美陕西"为主题，全面展示陕西历史人文、科研教育、品牌风采、城市魅力、山水情怀等。上篇介绍陕西独特的地理环境、山脉河流、自然资源等；下篇从生态、文化及发展等方面介绍了陕西当今的风貌，使读者从中感受现代气息浓郁、经济腾飞、人才辈出的新陕西。

陕西是中华文明和华夏文化的重要发祥地，也是现代中国革命的圣地，为人类历史文明做出了独特的贡献。

《看陕西丛书》以普通读者尤其是国外读者为宣传对象，通过介绍陕西文化最主要的内容和特征，对典型的文化现象加以推介和研究，使读者对陕西文化有一个基本的了解。

《看陕西——当今魅力》分册以"人文山水，大美陕西"为主题，全面展示陕西的历史人文、城市魅力、山水情怀等。全书分为两篇，其中上篇以"华夏龙脉"为重点，介绍了陕西独特的地理环境、山脉河流、自然资源等，下篇则从发展的角度让读者感受到现代气息浓郁、经济腾飞、人才辈出的新陕西。

本书对陕西文化的当今魅力进行了较为全面的介绍，为读者了解中国文化尤其是陕西文化提供了机会，从而使他们了解陕西，爱上陕西。本书可以作为对外汉语教学文化方向的教材或参考书，也可作为文化爱好者提高素养的参考资料。

《看陕西丛书》得到了陕西省出版基金的资助。本系列丛书在编写和出版过程中得到了西安电子科技大学出版社总编阔永红教授和编辑们无私的帮助，最终得以顺利出版，在此表示深深的感谢。

由于编者水平有限，疏漏和不妥之处在所难免，敬请广大读者和同行批评指正。

作　者

2016 年 11 月

目录

上篇　山水陕西

下篇　人文陕西

上篇 山水陕西

　　本篇首先介绍陕西独特的地理环境、山脉河流、气候特征、历史文化、民族风俗及行政区划，然后从地理、历史、文化以及山水风光等方面分别介绍陕西截然不同的三大地区：陕北、关中、陕南。我们将向读者展现陕西丰富而独特的自然和人文资源，典型的自然风光，久负盛名的国家级森林公园等。本篇还将介绍秦岭的生态环境保护条例及生态旅游发展规划等人们关心的问题。

第一章　华夏龙脉

一、陕西概况

【地理位置】

陕西省简称"陕"或"秦"，位于东经 105°29′～111°15′，北纬 31°42′～39°35′之间，地处中国大陆中心位置，境内泾阳县永乐镇是中国大地的原点。

陕西地域狭长，南北长约 870 公里，东西宽 200～500 公里。地势南北高、中部低，有高原、山地、平原和盆地等多种地形。全省从北到南可以分为陕北高原、关中平原、秦巴山地三个地貌区，总面积为 20.58 万平方公里。

秦岭山脉作为中国南北气候分界线的横贯全省，使得陕西成为结合不同地理区域、融汇多民族文化、荟萃各色自然景观的中心地带。由于陕西省超过 1/3 的面积和人口均位于秦岭以南，因此陕西省是中国唯一真正意义上跨越南北方的省份。

中国大地原点主体建筑

【气候特征】

陕西属大陆季风性气候，冬冷夏热，四季分明。全省横跨三个气候带，南北气候差异明显。陕南盆地属北亚热带气候，湿润多雨；关中及陕北属暖温带气候，雨量适中；陕北长城沿线属中温带干旱气候。全省年平均气温6℃～15℃，由南向北逐渐减低。1月份最冷，平均气温 −11℃～3.5℃，其中陕北 −10℃～4℃，关中1℃～3℃，陕南0℃～3℃；7月份最热，平均气温是21℃～31℃，其中陕北21℃～28℃，关中23℃～30℃，陕南23℃～32℃。陕西省降水量南多北少，季节变化明显，夏秋季节多雨，冬季干燥。

【山脉河流】

陕西主要山脉有秦岭、大巴山等。秦岭分西、中、东三段。西段以秦岭主峰的太白山(海拔 3767 米)为中心,中段以终南山(海拔 2604 米)为中心,东段以五岳之一的华山(海拔 2160 米)为中心。太白山为秦岭最高峰。秦岭的华山、终南山、骊山、五台山(南五台)、翠华山都久负盛名。

秦岭山峰

　　秦岭山峰众多,即有峰,也有"峪";秦岭北麓 72 峪曲折幽深,风景如画。有文明之源的清姜峪、龙绕天子的抱龙峪、石门泉暖的汤峪等。

　　陕西境内的河流以秦岭为分水岭,分属黄河、长江两大水系。秦岭以北属黄河水系,主要支流有渭河、泾河、洛河、延河、无定河等;秦岭以南属长江水系,主要支流有汉江、嘉陵江、丹江等。境内第一大人工淡水湖为陕南安康的瀛湖,而第一大天然淡水湖为陕北榆林的红碱淖。人类历史上最大的水利工程南水北调的水源地就是来自秦岭山中的汉江和丹江。

秦岭 72 峪之抱龙峪

　　渭河位于秦岭北部，全长 818 公里，是黄河的第一大支流。渭河流域是中华民族人文初祖轩辕黄帝和神农炎帝的起源地。渭河冲出的关中平原，成就了长安十三朝古都的辉煌。

　　汉江位于秦岭南部，是长江最大的一级支流，是中国大陆的一条未被污染的河流，南水北调中线的重要水源地。汉江流域是中国亚热带气候的最北界限。《白鹿原》中讲汉中美女为"那水养的女子一路都是貂蝉的姿色"，而滋养这女子的就是汉江。

　　丹江全长 443 公里，为汉江最长一支流。丹江口水库是国家南水北调工程的水源地之一。丹江两岸风景如画，传说陶渊明笔下的桃花源就在丹江的发源地秦岭商山。

【历史文化】

　　陕西是中华民族及华夏文化的重要发祥地之一，拥有极为丰富的历史文化遗产。周、秦、汉、唐等先后有十三个封建王朝在此建都，前后长达一千一百多年，是我国历史上建都时间最早、建都王朝最多、定都规模最大、历史文化遗迹最丰富的省份。在唐代，陕西是中国与日本、朝鲜、东南亚等国家和地区进行文化交流的盛地。迄今，周语、秦装、唐礼的遗风在这些国家和地区犹存。陕西不但孕育出了中国的早期文明，承载了中华民族最辉煌、最耀眼的历史，在中国革命史上也有着光辉的地位。陕西是举世闻名的工农红军二万五千里长征的终点。中国共产党以陕甘宁边区为根据地，领导了艰苦卓绝的抗日战争，诞生了伟大的延安精神，创建了中华人民共和国。

【民族风俗及行政区划】

陕西设西安、宝鸡、咸阳、铜川、渭南、延安、榆林、汉中、安康、商洛等 10 个省辖市以及杨凌农业高新技术产业示范区 107 个县（县级市、区）。省会西安，古称长安，是著名的丝绸之路的起点，是陕西政治、经济、文化、科技和交通通信的中心，全国重要的工业、科研、高等教育基地和旅游热点城市之一。

陕西境内有汉、回、满、蒙古、壮、藏、朝鲜、土家、苗、维吾尔、锡伯、白族等民族。

二、华夏龙脉

在中国古代，龙脉是说一座山脉的走向与气势。秦岭横亘于中国中部，自西向东绵延 1600 多公里，像一条巨龙雄踞于中国版图正中央，气势恢宏，巍峨壮观，被誉为"华夏龙脉"。

巍峨壮观的秦岭山脉

【秦岭概况】

陕西境内的秦岭长约 500 公里，是秦岭山脉中段，海拔 1500～3767 米，也是秦岭的主体和精华。最高峰太白山海拔高度为 3767 米，是中国青藏高原以东海拔最高的山峰。

秦岭不仅为陕西提供了丰富的自然资源，也使陕西成为远古人类最初的栖息地和华夏文明最重要、最集中的发源地之一。秦岭见证了中华民族的产生、发展、荣耀与辉煌，在每一位中国人心里，它不仅是万类霜天竞自由的自然王国，更是中华民族的龙脉所在，其丰富的历史文化遗迹是解读中国文化的钥匙。

秦岭是我国南北自然生态和气候的分界线，是长江和黄河水系的重要分水岭，也是我国生物多样性最丰富的地区之一，被誉为"世界生物基因库"。作为我国中部最为重要的生态安全屏障，秦岭是我国南水北调中线工程重要的水源涵养区。秦岭也是关中

秦岭是我国南北方的分界线

城市群的重要水源地和"气候调节器"。

【南北分界线】

秦岭把中国大陆分为南北两半，是我国南北方的分界线。习惯上称秦岭以南为南方，秦岭以北为北方。对冬夏季风的屏障以及对水汽的阻滞作用，使秦岭成为北亚热带和暖温带的分水岭，也是中国湿润地区和半湿润地区的分界线。秦岭以南属北亚热带湿润气候，水资源丰富；秦岭以北属暖温带湿润、半湿润气候，春旱夏雨。

秦岭是长江水系和黄河水系的分水岭。秦岭以南属长江流域，秦岭以北属黄河流域，分别孕育了长江和黄河的最大支流——汉江和渭河。

秦岭不仅是中国南北方地理、气候、资源差异的缔造者，同时也是中国南北人文差异的分界线。秦岭南坡山势缓和，河谷悠长，造就了南方人的细腻婉约；秦岭北坡山势高耸，谷地深切，造就了北方人的豪放大气。

【生物基因库】

作为南北方的分界线，秦岭山脉南北的地貌、气候、植被等都存在着显著差异，也造成了动物生存环境的复杂性和多样性，因此，秦岭素有"生物基因库""南北生物物种库""生物多样性的宝库"之美誉，同时也是"动植物王国""天然中草药库"以及许多古老生物的避难所。

丰富多彩的秦岭植物

由于秦岭南北气候环境的不同，其自然景观也有着明显的差异。秦岭北麓为暖温带针阔混交林与落叶阔叶林地带，植被呈垂直分布，有着"一日看四季，十里不同天"的说法。南坡位于秦巴山区之间，植被以常绿阔叶林为主。山水相映，一派亚热带森林植被景观。

秦岭地区国家一级重点保护的植物有红豆杉、南方红豆杉、独叶草、华山新麦草等；国家二级重点保护的植物有连香树、太白红杉、大果青扦、巴山榧树、水曲柳、香果树、秦岭冷杉等。这

古老的秦岭植物

些珍稀濒危植物大多为古老科属和孑遗植物，秦岭是这些植物分布的北界或南缘。

丰富多样的秦岭植物种类和植被类型，为野生动物提供了栖息、繁衍的多种生存条件。其中国家一类重点保护动物有大熊猫、金丝猴、羚牛、金钱豹、云豹、朱鹮、黑鹳、金雕等；二类保

秦岭是野生动物的乐园

护动物有小熊猫、林麝、斑羚、红腹锦鸡、白冠长尾雉、秦岭细鳞鲑、中华虎凤蝶等。在世界上有极大影响的珍稀、濒危动物物种相对集中于一地的情况十分罕见。

　　秦岭北麓的动物多为北方物种，而南麓多为南方物种。两类截然不同的动物在一座山和谐共存，使秦岭成为了一个真正的动物乐园。这在中国大陆和世界各地都是极为罕见的。

秦岭野生动物园中的狮子

【重要水源地】

　　秦岭是长江和黄河两大水系重要的水源地。秦岭北部的渭河是黄河最大的一级支流。北坡有72峪，即有72道支流流向渭河。南边的汉江、丹江、嘉陵江都发源于秦岭，其中汉江是长江最大的一级支流。秦岭山地的水源涵养林是陕西省国民经济可持续发展的命脉。西安、咸阳、宝鸡、渭南等省内重要的工业城市用水都依赖于秦岭。

迄今为止，人类历史上最大的水利工程——南水北调工程的中线长达 1389 公里，它的水源地就是来自秦岭山中的汉江和丹江。从陕西境内丹江、汉江流出去的水，占到南水北调总库容的 70％。

秦岭是重要的水源涵养地

【国之瑰宝】

在秦岭众多的珍稀动物中，大熊猫、金丝猴、羚牛和朱鹮被称为"秦岭四宝"。

※※※　朱　鹮　※※※

朱鹮又称朱鹭，素有"东方宝石"之称，是古老的鸟类之一，已经在地球上生活了 6000 万年。朱鹮极为珍稀，被世界鸟类协会列为"国际保护鸟"。

　　随着人口剧增和生态环境的恶化，朱鹮相继在其主要分布的国家消失，成为世界上数量最少、最濒危的鸟类之一。1981 年 5 月，在秦岭南麓的洋县金家河、姚家沟发现了七只朱鹮，其中 2 对成鸟，3 只幼鸟。经过一系列保护措施的实施，陕西洋县如今已经成为著名的朱鹮之乡，是朱鹮繁衍生息的天堂。

　　朱鹮对生存环境有着严格的挑选，喜欢在幽静的高大树丛上栖息，在未被污染的环境中觅食。陕西洋县一直保留着传统的耕作方式，较少使用农药化肥，大面积闲置的冬水田为朱鹮越冬提供了必要的保障。洋县朱鹮自然保护区是世界上唯一的野生朱鹮保护地，野生朱鹮在此受到良好的保护。当地村民将朱鹮视为神鸟，没有人会伤害它。

　　由于朱鹮的存在，洋县被誉为中华大地上的最后一片净土。朱鹮被称为陕西省的省鸟。

洋县是朱鹮繁衍生息的天堂

※※※ 金 丝 猴 ※※※

　　秦岭是中国金丝猴分布的最北界限。秦岭金丝猴主要分布在秦岭山区的周至、太白、宁陕、佛坪、洋县等地。它们一般在海拔

秦岭金丝猴

1000～3000 米的山上活动，以树叶和果实作为食物。秦岭的金丝猴体形魁伟，呈蓝色面孔。每年 4 月开始，金丝猴从头至尾换毛，到了秋季，毛色变成金黄色，十分艳丽。秦岭金丝猴性情温顺，能与人们和谐共处，它们偶尔会到山下安家落户，繁衍生息。据说中国四大名著之一《西游记》里的"美猴王"——孙悟空的创作原型就是秦岭金丝猴。

※※※ 大 熊 猫 ※※※

野生大熊猫是古老的物种，被称为地球动物的"活化石"。野生大熊猫只有中国才有，所以被誉为中国的"国宝"。

秦岭大熊猫

秦岭是大熊猫分布的最北界和最东界。秦岭大熊猫体型丰腴，头圆尾短，非常可爱。大熊猫在秦岭地区至少已经生活了 70 万年，分布于海拔 800～3100 米之间的秦岭中部人迹罕至的大山深处。秦岭茂密的巴山木竹和秦岭箭竹为大熊猫提供了充足的食物，其独特的自然环境形成了大熊猫天然的庇护所。

　　秦岭山脉中部的佛坪县是"秦岭大熊猫之乡"，大熊猫的分布密度位居全国之冠，是人类最容易遇到野生大熊猫的地方。

<h2 style="text-align:center">※※※　羚　牛　※※※</h2>

　　羚牛是一种古老的物种，形态上界于牛和羊之间。目前羚牛在全世界分布数量少，处于濒临灭绝的边缘，国际与自然资源保护联盟所公布的红皮书中将其列为珍贵稀有级。秦岭羚牛体形硕大，皮毛为金色，善于攀岩，属国家一级重点保护动物，主要分布在秦岭中段的周至和佛坪。随着季节的不同，羚牛迁移到不同的海拔高度，选择富有营养的食物。

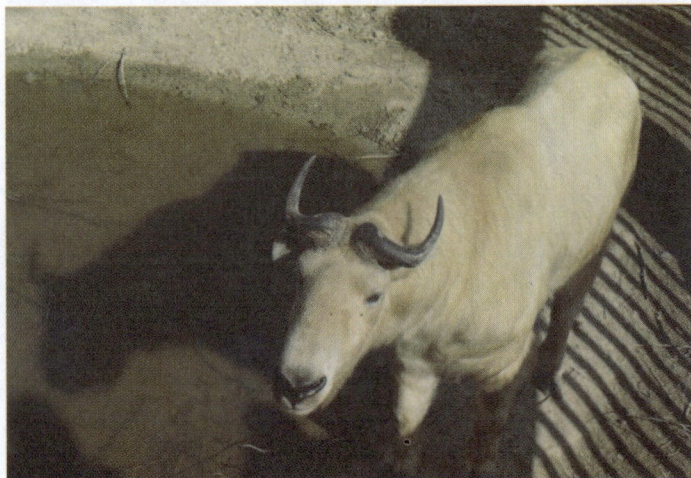

秦岭羚牛

【文化之根】

※※※ 文明发祥地 ※※※

秦岭山脉陕西段所在的范围是远古人类最初的栖息地和华夏文明最重要、最集中的发源地之一。中华民族的立国之本，久安之道，都与秦岭的地理位置和战略资源息息相关。

115万年前，蓝田猿人在秦岭北麓直立行走，宣告了人与猿的区别；6000年前，半坡氏族在秦岭北麓浐河之滨种植世界上最早的粟（小米）和油菜。伏羲八卦使人们开始思考自然和人类社会之间的关系。炎帝遍尝百草，推动了种植业，发现了中草药。炎黄二帝从秦岭北部的关中平原和黄土高原出发使人类从蛮荒走向文明，从此"炎黄子孙"成了中国人的代称。公元前11世纪，秦岭之北的沣河岸边，西周王朝的周文王、周公旦在其著作《易经》中对天人关系进行了经典论述，成为后人进一步阐述天人关系的主要依据之一。周公制礼作乐，从制度上构建了社会秩序，规范了严格的礼仪，成为中国古代政治文明的象征。公元前221年，秦岭之西，秦始皇完成了统一中国的大业，奠定了中国封建制度的基础。秦岭之南刘邦建立汉王朝，因此出现了汉人、汉字、汉族、汉学等，汉武帝的"独尊儒术"让儒家思想成为了中国历代官方的统治思想。丝绸之路让中国走向世界。隋朝的科举制至今仍影响着中国的人才选拔方式。唐朝则创造了中国历史上令每位中国人无比骄傲的辉煌与荣耀。

得天独厚的自然条件、农业和畜牧业，使秦岭成为最适合诞生神话的土地。"九河神女"华胥氏、补天救人的女娲以及十三年治水"三过家门而不入"的大禹，都是以秦岭为背景展开的。

中国古代医药学奠基者的孙思邈，在太白山脚下完成了药物学著作《千金方》。天人合一，阴阳协调，辨证施治，成为中华中医文化的精髓。

洋县龙亭镇，蔡伦发明的造纸术开创了人类文明的新纪元。

中华文明根植于农业文明。秦岭南北不同的气候条件形成了两种不同的农业文明：黄河流域以粟为主的旱地农业文明；长江流域以稻为主的水田农业文明。两种文明相互补充，相互影响，各具特色，在中华文明史上起着重要作用。

中华农业文明

※※※ 浓郁的宗教文化 ※※※

秦岭是中国本土宗教——道教的发祥地，道教的创立、发展和壮大都离不开这座道教仙山。2500 年前老子在位于秦岭山中的楼观台讲经，完成了《道德经》的写作。《道德经》深刻阐释出宇宙万物之间的哲学关系，为人类打开了认识宇宙的大门。以《道德经》为核心的道家思想是中国古代思想文化的高峰，是中华民族思想文化发展的源头之一。

秦岭也是中国佛教的重要摇篮。终南山既是中国佛教传播的重要发源地，还是佛教各宗派发展的源头。汉传佛教八大宗派中，秦岭及关中就聚集了六大宗派。鸠摩罗什在终南山草堂寺创立译场，开创了中国佛教翻译的新局面，让佛教教义以通俗易懂的方式接近了中国普通民众。

※※※ 多元文化的汇聚 ※※※

秦岭兼具我国南北方的特点，孕育了多种文化形态。中原文化、秦楚文化、羌文化、巴蜀文化在这里汇聚、融合。

※※※ 古道文化 ※※※

秦岭险峻陡峭，多悬崖绝壁，古代道路便傍山架木，史籍称之为栈道。栈道是中国古代交通史上最为辉煌的建筑。秦岭古道，水陆兼涉，陈仓道、褒斜道、傥骆道、子午道、蓝武道自西向东形成了最为著名的五大古道。这五条干道以及许多支道，构成了一个庞大的古代秦岭交通网，是古代军事设卡关口和南北交通大道，在古代政治、军事、经济等方面发挥着重要的作用。

秦岭古道被认为是巴蜀文化和中原文化的传递带。沿途有难以数计的摩崖石刻、诗篇题迹、篆刻书艺等数千年的历史遗存，是人类道路建筑史上的奇迹，是中华民族对世界文明的伟大贡献。

褒斜道穿越秦岭，全程249公里，是古代巴蜀通秦川的重要交通要道，也是南北兵战和经济、文化交流的必行之道。公元前206年，刘邦在此"明修栈道，暗度陈仓"大败项羽，攻占了陈仓（今宝鸡）。

褒斜道

※※※ 非物质文化 ※※※

　　关中地区不仅历史文化遗迹众多，而且非物质文化遗产资源也相当丰富。长安古乐，周至龙灯、剪纸、楼观台财神文化，华县皮影，户县钟馗故里、民间面塑等众多非物质文化遗产都是秦岭宝贵的文化资源，使秦岭彰显其独特的魅力。西安鼓乐、中国剪纸还入选联合国人类非物质文化遗产代表作名录。

西安鼓乐

西安鼓乐是迄今为止在我国境内保存最完整的大型民间乐种之一，较完整地保留了唐宋宫廷音乐的原始风貌，被誉为"中国古代音乐的活化石"。

楼观台财神文化

仿唐乐舞

※※※ 文 学 艺 术 ※※※

历代文人墨客都忘情于秦岭山水。李白在太白山挥洒笔墨；唐代画家、诗人王维，在秦岭深处的辋川创作了被历代中国山水画家视为神品的《辋川图》。他在《山居秋暝》中是这样描述秦岭山水的：

> 空山新雨后，天气晚来秋。
> 明月松间照，清泉石上流。
> 竹喧归浣女，莲动下渔舟，
> 随意春芳歇，王孙自可留。

秦岭清泉

大诗人白居易的《卖炭翁》，描写了一位在秦岭山中砍伐柴木、烧制木炭的老人去长安城内卖炭谋生的情景；他的长诗《长恨歌》，描绘了唐代玄宗皇帝和贵妃杨玉环在骊山脚下的华清池的爱情故事；大书法家颜真卿、柳公权，画家吴道子、阎立本，也在此挥洒过他们千古不朽的笔墨。

三、秦岭保护

【秦岭生态环境的保护】

独特的地理位置，丰富的自然资源、人文和历史景观，使秦岭拥有了十分厚重的文化内涵和历史底蕴。秦岭是宝贵的自然历史遗产，人类共同的财富。因此，保护、珍惜秦岭，合理利用秦岭生态资源，是历史赋予我们的重大使命。

秦岭是人类共同的财富

为了有效保护秦岭的生态资源，陕西省于 2008 年实施了《陕西省秦岭生态保护条例》，以立法的形式保护秦岭生态环境，维护秦岭水源涵养、水土保持功能，保护生物多样性，规范秦岭资源开发利用活动。条例规定，秦岭开发建设应当遵循先规划、后建设的原则，对涉及秦岭开发建设的各类专项规划须经环境影响评价，并与秦岭生态环境保护总体规划相衔接；在禁止开发区内，不得进行与生态功能保护无关的生产和开发活动。西安市秦岭生态保护管理委员会还制定了《秦岭西安段生态环境保护规划》和《大秦岭西安段保护利用总体规划》，通过科学的保护体系和措施提升历史文化遗存的品质。

【秦岭自然保护区】

为了使野生动植物得到有效保护，国家在秦岭建立了陕西太白山国家级自然保护区、佛坪国家级自然保护区、长青国家级自然保护区、汉中朱鹮国家级自然保护区、周至"老县城"国家级自然保护区、青木川国家级自然保护区、周至国家级自然保护区、牛背梁国家级自然保护区等八个国家级自然保护区。与此同时，还建立了17个省级自然保护区。

太白山国家级自然保护区地处秦岭山脉中段，位于陕西省太白、眉县、周至三县交界处。主要保护对象为森林生态系统和自然历史遗迹。区内动植物资源丰富，植被垂直分带明显。此外，太白山保护区内保存有不少第四季冰川地貌遗迹，对研究地质演化具有重要价值。

太白山国家自然保护区

佛坪国家级自然保护区地处秦岭中段南坡，山清水秀，是一个以保护大熊猫为主的野生动物类型的自然保护区。大熊猫在保护区核心区内分布密度居全国之首，佛坪也因最容易见到野生大熊猫而闻名遐迩。目前，佛坪国家级自然保护区管理局与中国科学院动物研究所合作，在秦岭建立了全国唯一的大熊猫野外研究基地。

佛坪国家自然保护区的大熊猫

长青国家级自然保护区位于秦岭中段的洋县北部，是以保护大熊猫和野生动物类型为主的森林自然保护区。长青国家级自然保护区是真正意义上的秦岭野生动植物的天堂，是大熊猫、金丝猴、羚牛、朱鹮这秦岭"四大国宝"分布种类最为齐全的区域。走进长青国家级自然保护区里，您将有机会遇见秦岭"四大国宝"当中的任何一种。

汉中朱鹮国家级自然保护区主体在洋县境内。拥有"朱鹮之乡"的美誉，主要保护对象为朱鹮及其栖息地。洋县政府禁止在巢区内使用化肥农药，限制在当地发展现代工业。

长青国家自然保护区

汉中朱鹮国家自然保护区

　　周至"老县城"国家级自然保护区东与周至国家级自然保护区相连，南与佛坪国家级自然保护区接壤，西与长青国家级自然保护区毗邻，北接太白山国家级自然保护区，是连接四个岛屿化的国家级自然保护区的桥梁和纽带，著名的"大熊猫走廊带"。

周至"老县城"国家自然保护区

青木川国家级自然保护区坐落在秦岭南坡的汉中市宁强县青木川镇，主要保护对象为大熊猫、金丝猴、羚牛等珍稀野生动物及其栖息地。在青木川的山林里，金丝猴和猕猴这两种从不在同一地域内生存的灵长类动物，彼此紧邻，长期以来相安无事，成为野生动物界的一个不解之谜。

青木川自然保护区内的金丝猴

　　周至国家级自然保护区位于秦岭北坡周至县境内，主要保护对象为金丝猴等珍稀动物及其生存环境。在这里，人们可与金丝猴亲密接触，和谐相处，相互交流。区内的高山草甸面积约 15 公顷，羚牛、黑熊等兽类经常活动于此。

保护区内人类与金丝猴亲密接触

　　牛背梁国家级自然保护区位于秦岭陕西最东段的长安、柞水、宁陕三县交界处，是中国唯一以保护羚牛及其栖息地为主的森林和野生动物类型的国家级自然保护区。同时，牛背梁自然保护区还是西安市和陕南地区最重要的水源涵养地之一，是蜚声中外的国家一级保护动物——秦岭金毛扭角羚（俗称羚牛）最主要的栖息地之一。

保护区内的羚牛

第二章　塞外风光：陕北

陕北是指陕西的延安和榆林地区，因为地处陕西北部，故称为陕北。陕北是世界上面积最大、最典型的黄土高原中心，海拔900～1500米，占全省土地面积的45％。

黄土高原

陕北是一片古老而神秘的土地，是中华古老文明重要的发祥地之一。人文初祖诞生于此，古代各民族在这里有充分的交流和融合。

陕北也是中国的革命圣地，毛主席等老一辈无产阶级革命家在这里生活战斗过13年，留下了一大批珍贵的革命文物、革命纪念地和丰富的精神财富——延安精神。

昔日的陕北雄浑苍凉

如今的陕北勃勃生机：生态农业和沙漠治理等都取得了显著成绩；发现并开采了大量的煤炭、石油和天然气等石化能源；盐业、稀土等重要资源也迅速崛起，成为国家能源发展战略规划的重点地区，被称为"中国的科威特"。

陕北风光

陕北古老悠久的历史孕育了韵味淳厚的黄土风情。

【安塞腰鼓】

　　"腰鼓"是陕北各地广泛流传的一种民间鼓舞形式。安塞腰鼓具有 2000 多年的历史，被称为"天下第一鼓"，安塞县也因此被国家文化部命名为"中国腰鼓之乡"。安塞腰鼓独具魅力，由几人或上千人同时表演，通过鼓手们豪放的舞姿、刚劲的击鼓和雄壮的呐喊，体现出黄土高原男子汉们的朴素、粗犷、豪放的性格。

安塞腰鼓

【陕北民歌】

陕北民歌是黄土文化的特色和精华，有四季歌、五更调，秧歌、劳动号子、信天游、酒歌、榆林小曲等二十多种。脍炙人口的《走西口》《兰花花》《当红军的哥哥回来了》《山丹丹开花红艳艳》等都是陕北民歌的杰出代表。信天游是陕北民歌众多艺术形式中成就最高的一种，无题材、长短、内容等限制，其自由奔放的节奏，悠扬高亢的曲调、跌宕起伏的内容情节，充分展示了黄土高原的自然风光、社会风情和陕北人民自由奔放的性格。

【陕北秧歌】

秧歌源于祭祀土地爷的活动，是陕北高原的一种具有广泛群众性和代表性的传统舞蹈。陕北秧歌主要有"大秧歌"和"踢场子"

两大类，伞头、文武身子和丑角三种角色。秧歌表演者少则数十人，多达近百人，在伞头的带领下，表演者踏着铿锵的锣鼓，和着清亮的唢呐，作出扭、摆、走、跳、转等动作，尽情欢舞。陕北秧歌豪迈粗犷，表现了陕北群众质朴、憨厚、乐观的性格，陕北绥德县是中国的"秧歌之乡"。

欢乐气氛中的秧歌表演

【陕北剪纸】

　　剪纸是一种极具生命力和表现力的中国民间手工艺术，多取材于戏曲、故事等，历史悠久，流传广泛。日常生活中，剪纸以窗花、喜花、寿花、炕围花、古今人物、吉祥动物、名贵花草等形式反映了陕北人民对美好生活的憧憬和热爱。陕北剪纸扎根于民间，具有黄土高原粗犷豪放、古朴精美、不拘一格等特点。榆林市的定边和靖边两县，被国家文化部命名为"剪纸艺术之乡"。

陕北剪纸毛泽东（白露剪纸）

陕北剪纸安塞腰鼓（白露剪纸）

陕北剪纸过新年（白露剪纸）

陕北剪纸庆丰收（白露剪纸）

【陕北说书】

　　说书最初是用陕北的民歌小调演唱一些传说、故事的表演形式，后来吸收眉户、秦腔以及道情、信天游的曲调，逐步形成的一种艺术表现形式。说书不需要舞台，表演者就在观众之中，是纯粹的农家艺术、土炕艺术，其意境、感受、人物、喜怒哀乐等反应了原汁原味、地地道道的陕北农民生活。

广场上的说书人

【陕北窑洞】

　　窑洞源自于北方民族穴居的历史，是人类最原始、最古老的民居之一。陕北地区黄土层深厚，砂石丰富，当地人民利用这一独特的自然条件，凿洞而居，创造了被称为绿色建筑的窑洞建筑。陕北窑洞是黄土高原上特有的民居形式，一般用石头或者砖头砌成，上面覆盖着厚厚的夯实的黄土。大的可做成并列多间或上下多层，外部也可另建房屋形成院落。窑洞较之普通平房，不仅坚固耐久，而且冬暖夏凉，被国际建筑学家们认定为中国五大传统民居建筑的形式之一。

　　陕北窑洞是黄帝子孙繁衍、生息、创造灿烂文化的地方。在中国革命最艰难的岁月里，延安的土窑洞成了中国革命的总后方和指挥中心，经历了十三个春秋，见证了新中国的成立。

　　如今走进陕北，无论是城镇还是乡村，随处可见一排排精致而错落有致的窑洞，窑洞仍是人们主要的居住形式，是陕北人民的象征。

陕北窑洞

一、延　安

　　延安位于陕北高原中部，延河之滨，为凤凰山、清凉山、宝塔山三山环抱，有"塞上咽喉""军事重镇"之称。相传人类始祖黄帝曾居住在这一带，延安也因著名的"三黄一圣"（黄帝陵庙、黄河壶口瀑布、黄土风情文化、革命圣地）享誉中外。

　　延安是中国工农红军二万五千里长征的终点，是中国革命的圣地，是历时十三年的"红都"。中国共产党在1935～1948年在这里领导全国人民夺取了抗日战争、解放战争的伟大胜利，留下了以凤凰山、杨家岭、枣园、王家坪、陕甘宁边区政府等革命旧址和纪念地，是爱国主义、革命传统、延安精神的教育基地。

　　延安是陕北政治、经济、文化和军事中心。延安矿产资源丰富，石油开发已有百年历史，大陆第一口油井位于延安延长县。延安土地辽阔，光照充足，洛川和渭北高原属全世界最佳苹果优生区，"洛川苹果"清脆甘甜，久负盛名。

革命圣地延安的标志和象征——宝塔山

宝塔山下的人行道

【黄河壶口瀑布】

　　黄河是我们的母亲河，是中华民族的象征。黄河流经秦晋大峡谷时，被两岸苍山夹峙，水面由原来三四百米的宽度骤然收束为四五十米，最后跌落于深槽，形成了落差五十多米的大瀑布，排江倒海，涛声震天，如巨壶沸腾，故名"壶口瀑布"。壶口瀑布是黄河最壮观的一段，雄浑古朴，慑人魂魄，如惊雷，如狮吼，被称为"黄河奇观"，是仅次于贵州黄果树瀑布的我国第二大瀑布，也是世界上最大的黄色瀑布。素有"不观壶口大瀑布难识黄河"的说法。

黄河壶口瀑布

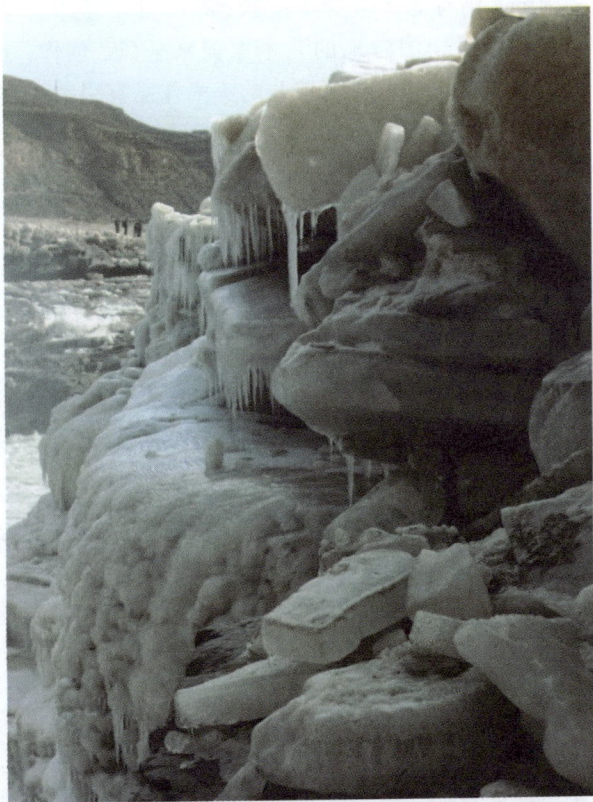

冰瀑玉壶

【魏塔古村落】

　　魏塔村位于延安市安塞县楼坪乡，四周环山，古朴宁静，拥有百年历史。魏塔村几乎原封不动地保持了上世纪陕北农村的面貌和特点。村民住石窑洞，睡土炕，吃杂粮，喝米酒，腌酸菜。村中随处可见木锹、木犁、木斗、木锅盖、石槽、石碾、石磨等古老的生产工具和生活用具。老百姓憨厚质朴，妇女用手工给亲人缝制棉衣、棉鞋，仍有老年人穿羊皮袄、戴羊肚子手巾。这种典型的陕北特征吸引了全国各地的艺术家前来采风、创作。据统计，近年来各大展馆展出的取材于陕北的美术作品有很大一部分就是在魏塔村画的。

黄土高原上的魏塔村

魏塔村一角

二、榆　林

　　榆林市位于陕西省的最北部，位于毛乌素沙漠和黄土高原的过渡区，自古就是边防重镇之一。秦朝扶苏、蒙恬，汉朝李广，唐朝尉迟恭、郭子仪，宋代范仲淹、杨家将、折家将，明朝余子俊等名将曾镇守于此。明末李自成在这里率领的农民起义，推翻了明王朝的统治。

　　榆林是中国重要的煤、石油、天然气、盐产区，被誉为"中国的科威特"。神府煤田是世界七大煤田之一。陕甘宁气田是迄今我国陆上探明最大整装气田的核心组成部分，此外还有世界级的靖边天然气田、中国特大巨型盐岩矿和陕西具有潜力的石油开发区等。

榆林新明楼雪景

榆林钟楼

【大漠明珠——红碱淖】

红碱淖位于陕北北部神木县西北部，是陕西省最大的湖泊，也是中国最大的沙漠淡水湖，素有"大漠明珠"之美称。"淖"是蒙古族语，是水泊、湖泊的意思。传说王昭君当年远嫁匈奴，走过神木时，因为远离家乡而伤心落泪，泪水也因此化作了一颗沙漠明珠——红碱淖。红碱淖从此也有了"昭君泪"的别称。

红碱淖湖水浩瀚，沙滩洁净，还有大片的天然草原牧场，水草丰盛，牛羊成群。国家一级保护鸟类遗鸥、国家二类保护动物白天鹅以及鸬鹚（鱼鹰）、野鸭、鸳鸯，还有白天鹅、鸳鸯、海鸥等在这里繁衍或栖息，环境十分宜人。

大漠明珠——红碱淖

纯净的红碱淖沙滩

【白云山】

白云山位于陕北佳县的黄河之滨，因峰顶终年白云缭绕而得名。白云山松柏掩映，站在山顶可以望见黄河大峡谷，一览雄浑苍劲的陕北黄土风光。

白云胜景

白云山拥有西北地区最大的明代古建筑群和道教圣地——白云观。白云观始建于宋代，经历代修建，建成以道教为主，兼有儒、释庙宇各类建筑四百余处。观内存有大量珍贵的雕塑、壁画、书法、音乐等，以明万历46年（1618年）神宗皇帝亲赐的《道藏》最为著名。白云山道教音乐被誉为白云神韵，在道教音乐中最具地方特色，被国务院公布为国家级非物质文化遗产。

白云观每年举行规模盛大的宗教活动。尤其是每年农历四月八日，即白云山庙会期间，临近省份约有十万人云集神山，祈福、求签、看社戏、会亲友，朝山揽胜。

白云山九龙壁

【红石峡】

红石峡位于榆林城北三公里处的红石崖上,长城穿峡而过,被称为万里长城第一胜景。红石峡谷水流湍急,两岸红岩对峙,

红石峡谷水流湍急

峭拔宏伟。自古以来红石峡就是汉民族与北方游牧民族必争的边关要塞，也是黄土地农耕文明与蒙古大草原游牧文化的接壤地带。红石峡上，大漠与边地风光、黄土与蒙汉风情尽收眼底。

红石峡的东西石壁上，摩崖石刻相连，石窟、题刻、石匾和各类碑记共有 200 种之多，是陕北书法艺术的一座宝库，被人们誉为"塞上小碑林"。

红石峡石刻

【镇北台】

镇北台是明代长城上的一个烽火台，宏伟、壮观、气势磅礴，为古长城沿线现存最大的要塞之一，素有中国长城"三大奇观之一"和"万里长城第一台"之称。

镇北台

【统万城】

匈奴族是古代蒙古大漠和草原上的游牧民族。统万城是东晋时南匈奴首领赫连勃勃所建的大夏国都城，也是匈奴族在人类历史中留下的唯一一处都城遗址。统万城始建于公元413年，共构筑有三道防御体系，十万劳力历时七年建成，它是中国北方最早、最著名的都城，代表了当时城市防御的最高水准。

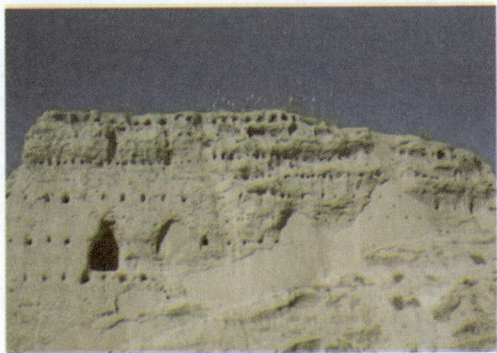

统万城遗址

第三章 "八百里秦川"
——关中平原

关中平原，又称关中盆地，地处陕西省中部，海拔 320～800 米，包括西安、宝鸡、咸阳、渭南、铜川五市及杨凌区，约占全省土地面积的 19％。因其西有大散关，东有潼关，南有武关，北有萧关，居于四关之内，故称关中。

关中平原气候温和，地势平坦，土壤肥沃，渭河自西向东横贯平原中部，是陕西最富庶的地方，素有"八百里秦川"的美称。关中平原的战略地理优势和富庶的自然条件使其成为中国古代政治中心的首选之地。

关中平原是我国农业文明也是中华民族的发祥地。早在 3000 多年之前，生活在浐河和灞河之滨的半坡人，就已经开始种植最早的粟和油菜了。生活在秦岭的大地湾人，在距今 8000 年以前就开始以黍为辅助食物了。战国时期，关中平原已经是全国三大农业区之一，被称为"天下粮仓"。秦始皇统一中原，也靠这里供应粮草和马匹。西汉时，关中已是全国最富庶的地区。司马迁在《史记》中称："故关中之地，于天下三分之一，而人众不过什三，然量其富，什居其六"（关中占全国面积的三分之一，人口只占全国的十分之三，但却拥有全国十分之六的财富。），充分显示了关中在古代中国的经济地位。

现在，关中平原是我国工业、农业、文化、经济等发达地区之一，是陕西主要的产粮区，是全国重要的小麦、棉花生产基地。

关中平原

关中的猕猴桃、石榴、苹果、樱桃等水果品质优良，享誉海内。

一、西　安

西安位于关中平原西部，古称长安，意为"长治久安"。西安南依秦岭，北抱渭水，东望华山，西邻太白，其间沃野广阔，自古就有"膏腴天府"之称。

西安是我国黄河流域古代文明发祥地之一，丝绸之路的起点，是中国历史上建都朝代最多、建都时间最长、影响力最大的都城，与罗马、开罗、雅典并称为世界四大古都，是联合国教科文组织最早确立的世界历史名城之一。作为中国古代政治、经济、文化中心，西安有众多的名寺名塔、遗址城阙、帝王陵寝等，被誉为"天然历史博物馆"。

如今的西安是一个经济繁荣、环境优美的现代化都市，处于我国西部大开发的前沿地带，是我国重要的科研、高等教育、国

西安夜景

防科技工业和高新技术产业基地和旅游热点城市。西安也是我国
重要的航空枢纽城市，是中国特大城市中高速公路和国道主干线
通过最多的地方之一。

　　西安距离秦岭仅 18 公里，是全国距离山脉最近的省会城市，
西安的百姓也因此拥有触手可及的生态资源。

　　西安市周至县，被誉为"猕猴桃之乡"，是世界上最大的猕猴
桃种植基地；临潼石榴名居全国五大名榴之冠，被列为果中珍

西安曲江新区

品，历来是封建皇帝的贡品，驰名海外。

【骊山】

　　骊山位于西安临潼区城南，是秦岭山脉向北延伸的一个支脉，海拔 1301.9 米。骊山山势逶迤，松柏青翠，因远望像一匹黑色的骏马而得名。骊山风光旖旎，自周秦汉唐以来，一直是皇家园林，离宫别墅之地。每当夕阳西下，骊山景色格外壮观，"骊山晚照"是著名的关中八景之一。

　　骊山有众多古迹和神话传说。这里有世界上最大的地下皇陵——中国秦始皇陵，唐明皇与杨贵妃上演长恨歌的"长生殿"，周幽王烽火戏诸侯的"烽火台"，纪念西安事变的兵谏亭以及传说中女娲补天的"老母殿"等。

骊山

【翠华山】

翠华山位于西安市南 23 公里的秦岭北麓，海拔 2132 米，以山崩地貌景观为特色，有"中国山崩奇观、地质地貌博物馆"之美称。翠华山山崩地质遗迹包括：山崩悬崖、山崩石海、山崩堆砌洞穴、山崩堰塞湖景观，山崩瀑布景观以及山崩形成的各种造型奇石景观。

山崩后形成的石海

● 冰洞与风洞

山崩时，崩塌的石块相互叠置的狭小空间形成许多洞穴，冰洞和风洞就是这类洞穴中最特殊的两种。盛夏酷暑，风洞内凉风袭人，阴冷刺骨；冰洞里冰柱倒挂，寒气逼人。

翠华山冰洞

翠华山上的天池、甘湫池等是山崩后形成的堰塞湖。湖的周围群山环峙，清明如镜，有"秦岭明珠"之称。

翠华山天池

【朱雀国家森林公园】

朱雀国家森林公园位于秦岭北麓，距西安市 74 里，森林覆盖率达到 96％以上。公园山环水绕、秀丽异常。最高峰冰晶顶海拔3015 米，时常有国家级保护动物羚羊结对出没。高山草甸、原始森林、百年落叶松、奇杉古松、第四纪冰川遗迹等使人感受到大自然的古野和原始。位于龙潭子景区的挂天飞瀑落差 100 余米，十分壮观。

朱雀国家森林公园的冰川遗迹

朱雀国家森林公园的高山草甸

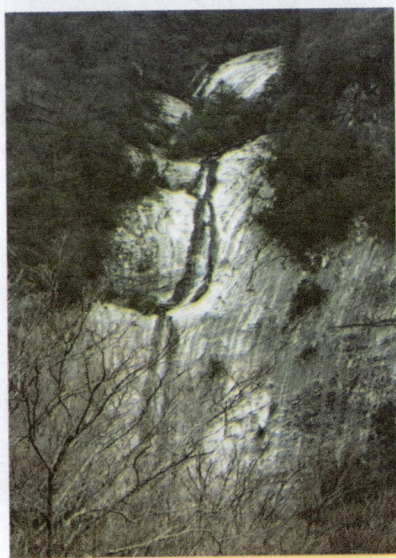

朱雀国家森林公园内的挂天飞瀑

【太平国家森林公园】

　　太平国家森林公园，地处秦岭北麓，因隋皇家在此建造太平宫而得名。森林覆盖率为 98％，天然分布的万亩"紫荆花海"被称为"大秦岭天然绝景"。公园内山环水绕、飞瀑众多，被誉为"鲜花与瀑布的世界"。

太平国家森林公园

【终南神秀——南五台】

南五台位于秦岭北麓，距西安南约 30 公里，海拔 1688 米，为终南山支脉。南五台重峦叠嶂，古木参天，被称为"终南神秀"。随着佛教传入中国，南五台便成为帝王朝拜、佛道修行、百姓进香的佛教圣地。隋炀帝、唐太宗等多次登临山上，至今保留着隋炀帝纪念母亲的千年古刹圣寿寺。南五台留有许多古朴的楼阁、历史悠久的殿宇古塔和皇家寺院。近代有蒋介石、康有为、杨虎城、胡宗南等在此留下了印记。

南五台

【周至老县城】

老县城位于秦岭山中的周至县厚畛子乡，四面环山，海拔1800 米。县城建于清道光五年（公元 1825 年），原为佛坪县县城。现存遗迹包括用卵石堆砌成的城墙、城门、监狱、演武场、文庙、书院、赌场、客栈石碑、石刻等。老县城曾经是一个拥有数万人口的县城，后因匪患使这个存在近百年的县城就此废弃，如今这里不足 40 户人家。

周至老县城秋景

老县城古朴宁静，拥有大片的原始森林，一直保留着原生态的风貌，设有大熊猫自然保护区，还拥有冷杉、竹叶草等珍稀野生植物。老县城里的民房基本上都是土坯房，村中家家户户之间都非常熟悉，有"夜不闭户，路不拾遗"之古风。

老县城人家

【秦岭杨庄】

　　杨庄地处秦岭北麓，库峪河流经境内，距离西安市中心仅40公里。境内山野连绵，水库鱼塘星罗棋布，有大片的果树、林地、菜地、麦田、水塘等。杨庄生态环境纯美素朴，人们生活安逸恬静，是典型的世代农耕之乡。

纯美素朴的杨庄

　　杨庄境内的太兴山风景优美，道教文化积淀深厚，堪与武当山媲美，有"南游武当，北游太兴"之说。"铁杵磨成针"的故事就发生于此。

杨庄遍地的油菜花

　　杨庄乡内民风淳朴,农家人热情好客。这里有可口的山野农家饭,颇具当地特色的热烈苞谷酒。每当傍晚,民间的自乐班便聚集起来开始拉开极富秦人秦韵的乡野唱腔。

二、咸　阳

　　咸阳位于关中平原中部,祖国版图的中心,境内的永乐镇是中国大地原点所在地。咸阳是中华文明的发祥地之一,先民们在此开创了号称"泾渭文明"的远古文明。农业始祖后稷在这里播种百谷,传播农耕文化,开创了中国农业文明的先河。秦始皇定都咸阳,使这里成为"中国第一帝都"。

乾陵

　　咸阳地区文化遗址、古墓葬众多,五陵塬上有汉高祖长陵、汉景帝阳陵、汉武帝茂陵、唐太宗昭陵以及唐高宗和武则天合葬的乾陵等28位汉唐帝王陵寝,连绵百里,蔚为壮观,被誉为"中国的金字塔之都"。

三、宝 鸡

宝鸡,古称陈仓、雍州,地处关中平原西部,南临秦岭,北依陇山,渭水穿城而过,是陕西省第二大城市。

宝鸡是华夏始祖炎帝神农的出生地。据《史记》记载,"炎帝生于姜水"(现在宝鸡市区的清姜河),并在此"教民稼穑",开启了中华农耕文明和商业文明。3000年前的周族从岐山脚下壮大,建立了西周王朝。影响中华民族三千多年的《周礼》、《周易》和开中国诗歌之先河的《诗经》便诞生于此。春秋时期,秦朝都城雍城就在宝鸡东北的凤翔县。法门寺因供奉佛祖释迦牟尼的指骨舍利而闻名于世,成为"佛骨圣地"。

法门寺外景

宝鸡有璀璨的民俗文化,岐山臊子面、木板年画、刺绣剪纸、脸谱泥塑、民间社火、枕头猪、泥塑羊和泥塑马等民俗瑰宝声名远播。

　　宝鸡工业基础雄厚，是先进制造业和新材料研发生产的基地，有望成为"中国钛谷""西部汽车城"和"西部装备制造业名城"。

【太白国家森林公园】

　　太白山国家森林公园位于秦岭主峰太白山北麓的眉县境内，海拔高度 620～3511 米，是我国海拔最高的国家森林公园。随高度的变化，太白山植被、气候、土壤，呈现出明显的垂直分布景观。人在山中可以看到不同的气候景观。

　　太白山森林保持着原始状态，茫茫林海中生长着许多珍稀动植物，有"亚洲天然植物园""中国天然动物园"的美誉。世界上仅存的孑遗植物——独叶草在太白山独有。"手儿参""太白贝母""祖师麻"等太白山独有的药材弥足珍贵。大熊猫、金丝猴、羚牛、云豹、金钱豹等珍稀动物都在这里生长繁衍。

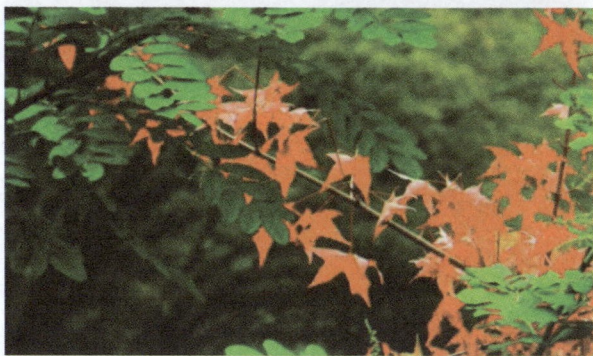

太白山——天然的动植物王国

"太白积雪六月天"是著名的关中八景之一。炎炎初夏，远望太白山山峰，白雪皑皑，银光四射。

太白山保留着完整的第四纪冰川遗迹，十分壮观。太白山顶的大爷海、二爷海、三爷海等高山湖泊，清明透亮，深不可测，是太白山最神秘的自然奇观，被称为"神湖"和"太白明珠"。

太白山历史悠久，历代文人墨客吟诗作画，留下了大量赞美太白山的绝妙诗篇。

人称"药王"的唐代医药学家孙思邈，长年隐居在太白山中，太白山中至今还遗留有他采药走过的栈道和捣药的碓窝。

太白山高山湖泊

【嘉陵江源头】

　　嘉陵江源位于宝鸡市 32 公里处的秦岭之巅。此处群山环抱、水流清澈，森林覆盖率极高。还有高山草甸、原始冷杉林和壮观的嘉陵江第一瀑布等。

嘉陵江源头

【关山牧场】

关山草原距宝鸡市区 134 公里，海拔 2200 米，春秋相联，长冬无夏，有"关山六月寒凝霜"的写照。关山牧场为陕西最大的林牧区，西北内陆地区唯一的以高山草甸为主体的天然草原。这里地势广阔，水肥草美，牛羊成群，享有"小天山"之美誉。

关山牧场

【钓鱼台】

钓鱼台位于宝鸡市东南 40 公里的蟠溪河上，南依秦岭，北望渭水，溪水潺潺，古柏参天。西周名士姜子牙在此隐居十载，在此垂钓的时候，遇到周文王的拜谒，辅佐朝政，随后出现了中国历史上的"文武之治"盛世。道教龙门派祖师丘处机曾在此修道七年，功成德就，然后传道于天下。

钓鱼台

【凤翔东湖】

东湖位于凤翔县城东南角，相传周文王时，凤凰曾在此池饮水，周人认为是祥瑞之兆，故名"饮凤池"，秦惠公亦曾在此池居住。宋嘉祐七年（1062），苏轼为凤翔府判官，在此建亭修桥，种莲植柳，改名东湖。自北宋以来，东湖不断修葺，现存建筑物大部分是明、清建筑。

东湖集亭、谷、楼、堂、阁、廊等古代建筑精华为一处，藏有大量苏轼及历代文人墨客的手迹石刻。

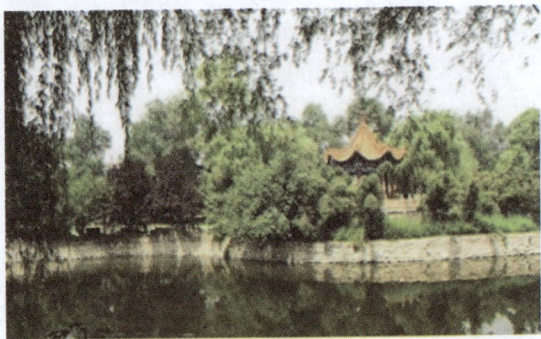

凤翔东湖

四、渭　南

渭南地处关中平原东部，自古以来，一直是"三秦要道，八省通衢"的兵家必争之地。

渭南历史悠久，文化灿烂。距今约80万年前"蓝田猿人"、20万年前的"大荔人"曾在这里繁衍生息。在这片土地上，字圣仓颉创造了汉字，酒圣杜康酿造出美酒，程邈将篆书改革为隶书，史圣司马迁写出了我国第一部纪传体通史《史记》。渭南因出过隋文帝杨坚、唐代名将郭子仪、诗人白居易、宋代名相寇准、清代状元王杰、现代爱国将领杨虎城、党和国家领导人习仲勋、著名政治活动家屈武等一大批历史文化名人而被誉为"将相之乡"。

目前，渭南是全国重要的商品农业基地、陕西最大的果品冷藏基地、全国最大的绿色果品生产基地、亚洲最大的浓缩果汁生产基地。华县皮影、华阴老腔、合阳提线木偶和同州梆子等12个项目被列入国家非物质文化遗产。

【华山】

华山属秦岭东段，最高峰海拔2157.9米，位于华阴市境内，距西安120公里。《水经注》说：华山"远而望之若花状"，古代华语花同名，故名"华山"。华山古称"西岳"，居中国五岳之首，以险著称，有"奇险天下第一山"之称。

华山自北向南，有北峰、中峰、东峰、南峰、西峰。西峰是华山最秀丽险峻的山峰，相传是《宝莲灯》中沉香劈山救出三圣母的地方。南峰为华山群峰中最高峰，也是五岳中最高的山峰。南峰"落雁"、东峰"朝阳"、西峰"莲花"人称"天外三峰"。华山东峰是神州九大观日处之一。

"华山自古一条道"，即通往华山顶峰，只有一条从千尺幢、

华山

华山观日

百尺峡、老君犁沟到云台峰、苍龙岭的一条陡峭山道。华山以"险"著称，长空栈道、鹞子翻身等景点令人望而生畏，当然也为胆大的游客提供了一试身手的机会。

华山是著名的道教胜地，被道教尊为"第四洞天"。玉泉院、东道院、镇岳宫为全国重点道教宫观。华山是历代著名的道士、隐士修身养性之地。"落雁峰"传为老子炼丹之所，留有老君炼丹炉、八卦池等遗迹。道教的祖师陈抟曾在玉泉院隐居，几部主要著作均在华山写成。华山还留传他与宋太祖赵匡胤在东峰下棋的故事，留有不少和他有关的遗迹。自全真派兴起时，华山即是全真道场。

华山苍龙岭

建于汉武帝在位时的西岳庙，是五岳中建制最早和面积最大的庙宇。秦始皇、汉武帝、武则天、唐玄宗、唐高祖、唐太宗等曾亲临华山巡游或举行祭祀活动。王维、李白、杜甫、韩愈等文人墨客都曾游览过华山，并留有咏华山的诗歌、碑记和游记不下千余篇，摩岩石刻多达上千处。

【洽川湿地】

　　洽川湿地位于合阳县城东的黄河西岸，是黄河流域最大的河滨湿地。95％的湿地生态保留着原始风貌。《诗经·大雅》中"关关雎鸠，在河之洲，窈窕淑女，君子好逑"千古名句便诞生于此，因此被誉为"中国诗经文化之乡""中华爱情诗歌的发源地"。洽川湿地周围有迷人的黄河滩涂，闲适的田园风光，古朴的黄土峰林，美丽的山岳风光，黄河林带和丰富的古代文化遗迹。

洽川湿地

　　洽川湿地内有国内最大的芦苇荡，面积达10万余亩。芦苇荡水草广袤丰富，自然环境幽静神秘，常年栖息着灰鹤、鸳鸯、白鹭、黑鹳、大鸨等珍贵鸟类。每年冬季，成千上万的丹顶鹤、天鹅等来此越冬。

洽川芦苇荡

洽川湿地光热与水资源极为丰富，有堪称"华夏一绝"的七个瀵泉，可以灌溉农田，可以去病健身。最为著名的是"处女泉"。此泉隐于茂密的芦苇荡中，水温常年 30℃。泉中有沙眼无数，泉涌沙动，入水不沉，十分神奇。当年周文王在此邂逅出浴后的洽川姑娘——太姒，后来便成了文王的妃子，此后在当地形成了一个风俗，姑娘们出嫁前来泉中沐浴，故名"处女泉"。

洽川"处水泉"

【党家村】

党家村始建于元至顺二年（公元 1331 年），位于韩城市东北方向，至今已经有六百多年的历史。党家村北依山塬，南临居水，体现了中国古代北方乡村聚落的一种独特文化——取山河之阳处聚而落之。

党家村民居是中国北方典型的传统民居村落，是东方人类古代传统居住村寨的活化石。

党家村民居

五、铜　川

　　铜川位于关中平原北部，是关中与陕北之间的交通要冲，是"药王"孙思邈、书法家柳公权、北宋山水画家范宽等历史名人的故里。铜川境内资源丰富，是西北地区重要的能源和建材工业基地，目前正着力推进资源型城市转型发展。

【玉华宫】

玉华宫位于铜川市西北，海拔 2401.67 米，森林覆盖率占 90.4%。玉华宫初建于唐高宗李渊武德 7 年（624），是唐初三代帝王的避暑行宫。高僧玄奘法师门徒在玉华宫译经讲学，弘扬佛法，因此吸引了国内外不少高僧纷纷来玉华寺求学。

玉华宫

公元 664 年，玄奘法师圆寂玉华。玄奘大师一生译经 75 部，大部分都是在玉华寺院完成的。因此，玄奘大师亦被佛教界称为"玉华法师"，也使玉华宫成为当时中国和世界的佛门圣地。

【药王山】

药王山位于铜川市耀州区城东 1.5 公里处，因唐代医学家孙思邈长期隐居于山上的显化台而得名。孙思邈医术精湛，药到病除，为百姓解除病痛，被尊为药王。药王所编撰的《千金要方》《千金翼方》等著作堪称中国医药学家的临床实用百科全书。每逢农历二月二日，人们在这里祈望百病脱身，健康长寿。

药王山上建有纪念孙思邈的药王殿、洗药池、晒药场、药方碑、太玄洞、遇仙桥及孙思邈手植柏等。

药王手植柏

药王山石刻众多，是研究医学、宗教，风俗、书法等珍贵的史料。医方碑是最早的医方石刻碑石，刊刻400多年来，人民群众不断的传抄、拓印，使药王山成为一座宏大的医药文化宝库。

医方碑

第四章　秦蜀楚地：陕南

由秦岭、大巴山和汉江谷地组成的陕南秦巴山地，地处陕西省南部，称为陕南，包括汉中市、安康市和商洛市。陕南属于中国南方地区，海拔1500～3000米，总面积74 017平方公里，占全省土地面积的36％，素有"汉家发祥地、中华聚宝盆"之称。

陕南自然地理环境优越，物产丰富，是古人类栖息的摇篮，也是汉文化的重要发祥地。刘邦曾被封为汉中王，汉朝因此得名，也因此有了汉族、汉字等汉文化。刘备曾在汉中称帝，因此刘备政权被称作"蜀汉"。陕南中部和西部为蜀文化，东部为秦、楚文化。

陕南是中国重要的粮油基地、茶叶产地和水源地，也是陕西农林特产和有色金属资源的富集区与亚热带资源宝库。中华猕猴桃、沙棘、绞股蓝、富硒茶等资源极具开发价值。

目前，陕南经济以生态农业、渔业、林业经济为基础。作为关中城市群的南延伸和辐射区域，陕南承担了连接华中和西南地区交通枢纽的作用。

陕南自然风光秀美独特，有汉中朱鹮国家级自然保护区，佛坪国家级自然保护区，南宫山国家森林公园，香溪洞风景名胜区，瀛湖风景区，柞水溶洞，丹江漂流，牛背梁国家森林公园，金丝大峡谷等风景名胜。

位于秦岭、巴山之间的陕南三市——汉中、安康、商洛，其景色秀美，灵气逼人。

陕南自然风光

一、汉　中

　　汉中地处秦岭巴山之间的汉中盆地，是陕南经济、政治、文化中心。汉中夏无酷暑，冬无严寒，气候温暖湿润，物产丰富，素有"鱼米之乡"、"西北小江南"之称。汉中生态环境良好，森林覆盖率为 52%，林草的植被率达 60%，境内有汉江、嘉陵江等 567条河流，是国家"南水北调"中线工程的水源地。

汉中盆地

　　汉中是国家历史文化名城，也是汉文化的发源地。汉中北有陈仓、褒斜、骆谷、子午等栈道，南有米仓、金牛、阳平、百劳等关隘，地理位置十分重要，自古以来就是连接中原、关中与大西南的枢纽地带。公元前 206 年，刘邦被封为汉中王，在此屯草聚粮、积蓄力量，明修栈道、暗度陈仓，攻入关中，一统天下，成立了大汉王朝，长达 400 多年。自此，汉朝、汉语、汉文化、汉字、汉人等称谓一脉相传至今。

汉中南湖

汉中良好的生态环境

汉中山清水秀，生态环境良好，为油菜花生长提供了得天独厚的条件。目前，油菜花种植面积达百万余亩。每年三月底四月初，漫山遍野的油菜花同时盛开，山川、村舍、河流、道路皆融入油菜花海之中，充满诗情画意。汉中南郑县每年都要举行盛大的油菜花节，届时还可以欣赏梨花盛开，并体验采茶和制茶的乐趣。

汉中油菜花

【石门国家水利风景区】

石门国家水利风景区位于汉中市北18公里，以石门水库为依托，风景秀丽，古迹芸萃，也是国家重点文物"褒斜道、石门及其摩崖石刻"遗址的所在地。"明修栈道，暗度陈仓"的典故就发生在这里。

褒斜道南端的石门隧道是我国最早的一座人工隧道，是研究我国交通史的宝贵实物资料。石门隧道内和壁崖上有摩崖石刻160多块，最为著名的就是"汉魏十三品"。

石门水库的湖光山色

石门栈道

【红寺湖】

　　红寺湖距汉中市 25 公里，是汉中最具魅力的生态风景区之一。红寺湖碧波荡漾，云雾缭绕；桃花岛恍如仙境，生态竹林清幽淡雅，美如一幅淡墨山水画长卷。

红寺湖

【黎坪国家森林公园】

黎坪国家森林公园位于汉中盆地西南部大巴山腹地,平均海拔 1500 米,森林覆盖率达 88.2%。这里将原始林海、瀑布飞泉、山峰秀美、石林奇境及地质奇观和田园风情融为一体,被称为全省自然生态环境最好和"陕西最美丽的地方"。

黎坪国家森林公园自然生态环境

　　黎坪国家森林公园拥有全国唯一保存面积最大的巴山松原始森林，面积达 2 万余亩，其中石马山的高山石林地质景观，在同纬度、同海拔地区堪称"绝版"，全国唯一。

　　公园独有的中华龙山景观，是汶川大地震震开山体后发现的一处奇特地质现象。中华龙山大约形成于 4～5 亿年前的奥陶纪，其山体酷似龙鳞、龙脊、龙爪，亿万年前的海洋生物化石——中华角石在此随处可见。

黎坪国家森林公园里的中华龙山

【拜将台】

拜将台，位于汉中石城南门外，台高 3 米多，相传为刘邦拜韩信为大将时所筑。韩信被拜为大将后，辅佐刘邦统一全国，成就了帝业，建立西汉王朝，被誉为"兵仙神帅"。拜将台是汉王朝的发祥地，亦是"得人才者得天下"的历史物证。

汉中拜将台

【青木川古镇】

青木川位于汉中宁强县西北角，由于地处陕、甘、川三省交界处，素有"一脚踏三省"之誉。古镇始建于明成化年间，境内山脉绵延，有大片原始森林。青木川曾是羌汉杂居地区，也是秦蜀文化荟萃之地。民国时期形成的"乡绅文化"对青木川也产生了非常深远的影响。各种文化并行碰撞、交相辉映是青木川文化的最大特色。

青木川古镇

青木川历经百年沧桑，完好地保留有大片古街、古祠、古栈道、明清古建筑群古民居等。魏氏大院为青木川标志性建筑，该宅始建于 1927 年，是当年青木川的统治者魏辅唐生活和处理政务的地方。

青木川民居

魏氏大院

魏辅唐出资兴建的辅仁中学

【华阳古镇】

华阳古镇位于秦岭南坡洋县长青自然保护区内。古镇始于秦晋，至今已有2000多年的历史，曾经是唐朝傥骆古道上的繁华重镇，也是古代军事经济政治要镇。

华阳冬无严寒，夏无酷暑；古朴悠然，静谧安详。古镇周边有幽静的山地、森林和清澈的溪流，自然环境非常优美。

漫步小镇，依然可见汉唐时期古栈道遗址、傥骆古道遗址、华阳古塔、古戏楼以及当铺、驿站、旅店、衙门、客栈、酒楼、茶楼等遗址。

红军曾在华阳建立革命根据地，司令部旧址现仍然保存完好。

华阳古镇街道

华阳古镇店铺

华阳古镇民居

华阳古镇水车

二、安　康

安康位于秦巴腹地，汉水之滨，被誉为"西安后花园"，是中国十大宜居小城之一。安康市是女娲的故乡。安康自然资源丰富，瀛湖、紫阳、岚皋拥有陕南三市最充沛的水资源；安康月河沙金产量居全国第一；安康也是中国最大的富硒区，其富硒食品产量位居全国第一，被称为中国硒谷。紫阳富硒茶、平利绞股蓝、岚皋魔芋、白河木瓜等被国家质监总局实施原产地域保护（国家地理标志保护产品）。

安康自然风光

山清水秀的岚皋

【南宫山】

岚皋是安康的世外桃源，自然风光原始独特。南宫山位于岚皋县东部，海拔 1000～3000 米，享有"云中净土，世间桃源"的美誉。

南宫山以 4 亿年前的古冰川遗迹、原始次生森林、百年不腐的高僧真身闻名遐迩。这里是陕南最早的道观之一，弘一曾在此修练。清道光年，弘一圆寂成仙，肉身百年不腐。南宫山被人们称为中国最神奇的国家森林公园和中国最神奇的佛教圣地。

南宫山上另一奇景是，一棵已枯死十多年的千年古树死而复生，身上护佑着十几种小树。这棵树号称"森林活化石"。

南宫山自然风光

南宫山玻璃栈道

南宫山千年古树

【瀛湖】

安康瀛湖是西北地区最大的绿色淡水人工湖。瀛湖湖水来自汉江，湖区水面辽阔，清澈碧绿，大小岛屿星罗棋布；湖边山峦起伏，苍松翠竹，独具秦巴汉水自然风光，被誉为"陕西千岛湖"，也是陕西十大美景之一。

瀛湖美景

【燕翔洞】

　　燕翔洞位于石泉县熨斗古镇。熨斗古镇距今已有上千年的历史，是川楚故道上的一座驿站古镇。古镇依山傍水、恬淡、古朴，尽显秦巴腹地、汉江两岸特有的原生态美。

石泉县熨斗古镇

　　燕翔洞全长约16公里，距今已有5亿年历史，是国内保护最完好、洞内景观最丰富、体量最大的溶洞群，被誉为"西北第一洞""北国奇观"。洞内钟乳石、石笋、石笋、石柱、石钟等流光溢彩，壮观大气，栩栩如生。

燕翔洞内景色

三、商　洛

　　商洛地跨长江、黄河两大流域，这里南北方物产并蓄，秦楚文化交融。自然风光既兼北国之粗狂刚阳，又融南国之柔美灵秀。商洛自古为"秦楚咽喉"，是长安通往东南诸地和中原地区的交通要道。

灵秀商洛

【金丝峡】

金丝峡地处秦岭东南麓的商南县境内，居长江流域汉江水系丹江中游地区，冬无严寒，夏无酷暑，森林覆盖率达98％，原始生态保存完好，被誉为"峡谷奇观""生态王国"。

金丝峡风光

金丝峡栈道

金丝峡峡谷内河流、瀑布、深潭密布，又有珍禽异兽，奇花异草和被誉为秦岭之最的十里兰花谷。兰花谷香气袭人，是中国最美十大峡谷之一。

金丝峡漂流

金丝峡居长江流域汉江水系丹江中游地区，全长12公里。金丝峡内奇峰秀岭、景色优美；江面时而水平如镜，时而浪花翻滚。在金丝峡漂流，既可体验惊险刺激，同时又可以感受大自然的无限魅力。

【牛背梁国家森林公园】

牛背梁国家森林公园地处秦岭南麓的商洛柞水县，海拔1000～2802米，森林覆盖率高达93％。这里即具有南方的青山绿水，又有北方的大气与雄浑，是集自然景观多样性与独特性为一体的国家森林公园。在牛背梁茂密的原始森林中，有铁坚杉、秦岭冷杉等珍贵的稀有树种，羚牛、豹、金雕等国家保护野生动物，还有罕见的高山石林、高山草甸、高山杜鹃、百亩竹海以及保存完好的第四纪冰川遗迹等。

牛背梁风光

【柞水溶洞】

柞水溶洞位于商洛市柞水县城南 13 公里，包括佛爷洞、风洞、天洞等百余个溶洞。佛爷洞洞内有两尊高大的佛像，洞内全长 900 余米，分上、中、下三层；天洞洞口直入云霄；风洞进出皆有奇风迎送。溶洞内钟乳石、石笋、石帷、石幔、石人、石瀑、石禽、石兽、石花、石果等晶莹透亮、触手可及，并有百鸟常年栖息。洞外山清水秀、风光迷人，堪称"北国奇观"和"西北一绝"。

【凤凰古镇】

　　凤凰古镇坐落在柞水县东南部，依山傍水，古朴纯净，宛若一处世外桃源。古镇始建于唐，曾是秦岭以南连接长江水系和黄河水系的重要商贸集镇。古镇上完整地保留着明清时期建造的徽州民居 60 多座，还有各类商埠、店铺、钱庄、药铺、绸庄、客栈等。被史学家称为具有秦风楚韵的"江汉古镇活化石"。

凤凰古镇丰源钱庄

下篇 人文陕西

第五章　观光休闲

一、历史文化

中国历史源远流长，民族文化闻名遐迩。陕西是我国古人类和中华民族文化重要的发祥地之一，是中国历史上多个朝代政治、经济、文化的中心，是中华民族历史文明最早走向世界的地方，也是现代中国革命的圣地，为炎黄子孙的生存、繁衍和人类历史文明做出了独特的贡献。

【陕西历史博物馆】

陕西历史博物馆是位于陕西西安市内的一座国家级历史类大型博物馆，筹建于1983年，1991年6月20日落成开放。陕西历史博物馆是中国第一座大型现代化博物馆，它的建成标志着中国博物馆事业迈入了新的发展里程。这座馆舍为"中央殿堂、四隅崇楼"的唐风建筑群，主次井然有序，高低错落有致，气势恢宏，融民族传统、地方特色和时代精神于一体。馆区占地65 000平方米，建筑面积55 600平方米，文物库区面积8000平方米，展厅面积11 000平方米。馆藏文物多达370 000余件，上起远古人类初始阶段使用的简单石器，下至 1840 年前社会生活中的各类器物，时间跨度长达 100 多万年。文物不仅数量多、种类全，而且品位高、价值广，其中的商周青铜器精美绝伦，历代陶俑千姿百态，汉唐金银器独步全国，唐墓壁画举世无双。可谓琳琅满目、精品荟萃。

　　陕西历史博物馆自开馆以来，充分发挥文物藏品优势，举办了各种形式的陈列展览，形成了基本陈列、专题陈列和临时展览互为补充的陈列体系，在从多角度、多侧面向广大观众揭示历史文物的丰富文化内涵，展现华夏民族博大精深的文明成就的同时，以开放的姿态走出国门，将灿烂辉煌的中华文明、光彩夺目的三秦文化呈现给世界各国人民。

陕西历史博物馆

　　陕西历史博物馆的基本陈列《陕西古代文明》于 2008 年 3 月正式开放。该陈列规模宏大，气势磅礴，展出面积 5051.64 平方米，展线长 1247 米，分三个展厅，共七个单元，集中展示了陕西古代文明孕育、产生、发展的过程及其对中华文明的贡献。

西周五祀卫鼎

唐代金开元

三彩三花马

【西安半坡遗址博物馆】

　　西安半坡遗址博物馆位于西安市东郊浐河东岸半坡村北，是新中国第一座史前部落遗址博物馆。半坡遗址 1953 年春被发现，遗址面积约 50 000 平方米。该遗址揭示了 6000 多年前新石器时代仰韶文化母系氏族部落的社会组织、生产生活、经济形态、婚姻状况、风俗习惯、文化艺术等丰富的文化内涵。

半坡博物馆

　　半坡博物馆陈列展览面积约 4500 平方米，分出土文物陈列、遗址大厅和辅助陈列三部分。其中，出土文物陈列室陈列的是从遗址中发掘出来的生产工具和生活用品，可分为石器类、骨骼类和陶器类。该馆主要展出半坡遗址和姜寨遗址出土的原始先民使用过的生产工具、生活用具和艺术品等，包括石斧、石铲、骨刀、骨锥、鱼钩、陶盆、陶碗等。

部分出土文物陈列

【临潼秦始皇兵马俑博物馆】

　　临潼秦始皇兵马俑博物馆位于秦始皇帝陵以东 1.5 公里处，建筑在秦兵马俑坑的原址之上，是世界上最大的地下军事博物馆。兵马俑坑是秦始皇陵的陪葬坑，其修筑时间长达 38 年。工程之浩大，气势之宏伟，开创了历代封建统治者奢侈厚葬之先例。

　　秦始皇兵马俑以近 8000 件巨大的陶俑再现了秦国大军当年兵强马壮的雄伟场面。一号坑军阵显示了秦代步兵、车兵组成的长方形军阵，军容十分壮观。军阵的前锋是三排横队，由 203 名免盔束发、身着战袍的弓弩手组成，军阵的尾端和两侧均有一列面外而站的武士分别构成后卫和两翼，在前锋的后面，是由6000多名手持兵器的步兵夹护着45辆战车，组成38列长长的纵队。二号坑展示了冷兵器时代陆上作战的所有兵种，即步兵、车兵和骑兵。这三个兵种既能独立组成单一的兵种方阵，又能相互穿插配合，充分体现了多兵种联合作战的战术特征。三号坑则展示了秦军指挥机关的真实面貌。指挥车接命待发，68名卫士庄严地守护着司令部的安全，这里是"决胜于千里之外，运筹于帷幄之中"的领导机关。

秦始皇兵马俑坑

兵马俑以精美的雕塑艺术，真实而精致地再现了秦代军人的风貌。今天这支强大的军阵虽然不能奋战疆场了，但是它却为研究中国古代军事史提供了丰富的实物资料。秦俑不仅注重整体艺术的渲染，对于一兵一马的雕塑，也细致入微，精美绝伦。武士是这一艺术宝库中的主体，它们当中有将军、士兵等各种军人形象。它们个个体魄健壮，平均身高在一米八左右，容貌、性格、神态各具特色，妙趣横生。它们有的双唇紧闭，目视前方，表现出英勇善战的性格；有的容光焕发，生气盎然，表现出满怀信心的神采；有的气宇轩昂，若有所思，表现出身经百战的兵家气概。从年龄上看，有阅历深广的老兵，有血气方刚的壮士，还有那年轻气盛的小伙子，它们威武庄严，令人肃然起敬。更令人惊叹的是，铠甲的坚硬，战袍的轻柔，衣褶的飘动，都给人以强烈的真实感，就连跪射俑鞋底的针脚，也与现实生活中的一模一样。

栩栩如生的兵马俑

秦俑艺术的鲜明特征，是写实的艺术风格和神与形的统一。秦俑的制作者抓住不同身份、不同人物的性格和面貌特征，塑造了多种多样的典型人物，可以说是千人千面。仔细观察秦俑的脸型，也可以看出它们之间有着显著的地域差别：宽额、厚唇、阔腮、单眼皮的士兵，一般是来自关中的秦兵；圆脸、尖下巴、嘴唇较薄，显得机敏的则是从巴蜀来的士卒。秦俑中，双眼皮者为数极少，绝大多数是厚唇和单眼皮，这与秦军多为关中人的实际情况基本吻合。

兵马俑脸部形态各异

　　秦代艺术家这一伟大的现实主义作品，博得了各国观众的高度赞誉，兵马俑以它神奇的魅力产生了巨大轰动，它们作为中国人民的文化使者远涉重洋，足迹遍布了五大洲，所到之处都受到了各国人民的欢迎。正如法国前总统希拉克所言："不看金字塔，不算到过埃及；不看兵马俑，不算真正到过中国。"三十多年来，百余位总统、总理，上千位部长、议员，逾万名世界名流以及成千上万的各国公民前来中国一睹秦俑的风采。

铜车马

注：葬俑的历史

人殉，产生于原始社会末期，起源于原始社会的宗教信仰。它是伴随原始公有制的瓦解而萌芽，至奴隶制建立而盛行的一项残酷的丧葬制度。秦国曾以活人的殉葬，奴隶制的解体，封建制的逐步确立和发展，使当时的诸侯各国先后废止了人殉制度，随之产生了一种社会新潮——以俑殉葬，即用陶俑、木俑等来代替人殉葬。

秦兵马俑可谓以俑代人殉葬的典型，也是以俑代人殉葬的顶峰。秦俑之所以在规模、写实程度上达到如此的高度，除了工匠的智慧之外，还与这个历史上第一个封建皇帝的意志分不开。秦俑严格地摹拟实物，带有肖像写生的性质和特点，并且在规模和气势上更胜一筹，这也是秦俑之所以令人叹为观止的原因之一。

【西安古城墙】

城墙是中国古代城市传统的防御设施。西安城墙是明代初年在唐长安城的皇城基础上建筑起来的。从明洪武三年（1370 年）

到洪武十一年(1378 年)，历时 8 年，西安城墙的修筑才全部竣工。西安城墙建筑形制宏伟，功能设计周密，城池呈矩形；城墙的建造完全围绕"防御"的战略体系要求，城墙的厚度大于高度，稳固如山。

西安城墙

西安城墙，东墙长 2590 米，西墙长 2631.2 米，南墙长 3441.1 米，北墙长 3241 米，周长 13.75 公里，形制是一个长方形，墙高 12 米，顶宽 12～14 米，底宽 15～18 米。城门有四座：东长乐门，西安定门，南永宁门，北安远门。

最初的西安城墙完全用黄土分层夯打而成，最底层用土、石灰和糯米汁混合夯打，异常坚硬。后来又将整个城墙内外壁及顶部砌上青砖。城墙顶部每隔 40～60 米有一道用青砖砌成的水槽，用于排水，对西安古城墙的长期保护起了非常重要的作用。

现今的明城墙是在原有基础上建的，是全国保存最好的古代城墙之一，为全国重点文物保护单位。

西安城墙设有五道防线。城外环绕的护城河为第一道防线，河上设有吊桥，吊桥一升起，进出城的通路便被截断。闸楼为第

西安城墙赏月会

二道防线，用来打更和报警。箭楼是第三道防线，用来了望和射击。瓮城是第四道防线，用来阻断敌人的进攻。第五道防线是正城门。除此之外，城墙四个拐角还有角楼，用来观察和防御四面外来之敌。

西安城墙、角楼和护城河

【钟鼓楼】

　　钟楼屹立在西安这座城市已经六百多年了。汉唐时期，长安城的古建筑主要是从明代保存下来的。从某种意义上说，钟楼是西安历史的见证，是西安的象征。钟楼为全国重点文物保护单位。

钟楼

　　西安钟楼始建于明洪武十七年(1384 年)，原址在广济街口，明万历九年(1581 年)迁址到东西南北四条大街的交汇处。关于钟楼迁址，有一段美丽的传说。万历年间，关中地震，道士高承之断言，有万年鳖鱼在地下作怪，于是知府将钟楼迁到现址震住妖孽作祟的穴口，从此西安天下太平，万民乐业。

　　钟楼始终处于西安交通地理的中心位置。钟楼在古代的主要用途是报时，晨钟暮鼓成为西安的标志之一。钟楼上的钟名为

"景云"，铸成于唐景云二年(711年)，钟高 2 米，直径达 1.5 米，重达万斤，钟身鹤飞龙翔，钟鸣声扬数十里。起初此钟置于广济街口钟楼内，明朝钟楼迁址后置于钟楼之上，真品现存于陕西省历史博物馆内。

与世园同庆之钟楼

鼓楼建于明洪武十三年(1380年)，位于西安市中心，东与钟楼隔广场相望，现为全国重点文物保护单位。楼上原有巨鼓一面，傍晚击鼓报时，故名"鼓楼"。昔日楼檐下悬挂有巨匾，南为"文武胜地"，北为"声闻于天"。鼓楼斗拱彩绘，外观庄重绚丽，与钟楼为姐妹楼。

鼓楼系古典建筑，基座为长方形，用青砖砌成，楼高 33 米，面积 1924 平方米。楼基正中辟有南北券门洞，连通北院门和西大街。建筑结构采用重檐三滴水式与歇山琉璃瓦顶形式，与钟楼相辉映。

鼓楼

【西安碑林】

西安碑林始建于北宋哲宗元祐二年(1087 年),有着 900 多年的悠久历史。经历代征集、收藏,规模不断扩大,清始称"碑林",1992 年正式定名为西安碑林博物馆,它被誉为"东方文化的宝库""书法艺术的渊薮""汉唐石刻精品的殿堂""世界最古的石刻书库",是全国 18 个特殊旅游景观之一。作为西安最有价值的文物古迹之一,这里每年都吸引着众多海内外游客。

西安碑林博物馆馆藏文物种类丰富,包括历代碑石、墓志、石刻造像、画像石等石刻文物和书法、绘画、碑拓等其它文物,尤以碑刻墓志、历代拓本为具有特色的馆藏品,收藏的碑石、墓志的数量为全国之最,藏品时代系列完整,时间跨度达 2000 多年。碑林博物馆馆区由孔庙、碑林、中国古代石刻艺术展三部分组成,占地面积 34 667 平方米。"十一五"以来,新建成以"长安佛韵"为主题展陈的石刻艺术馆,并荣获国家级优质工程"鲁班奖"与"十大精品"陈列奖,形成"一轴两翼"的展陈格局。

新石刻艺术馆以"长安佛韵"为展陈主题,共展出约 150 件北

西安碑林

仁立的石碑

魏至宋代的石刻造像，代表了史上长安佛教艺术的最高水平。陈列分为造像碑区、造像区、大型造像区，全方位阐释了长安模式下佛教造像的典型样式和艺术风格。2011年，"长安佛韵"荣获全国博物馆十大陈列展览精品，新石刻艺术馆荣获"中国建筑工程鲁班奖"。

新石刻艺术馆

【黄帝陵】

黄帝陵是中华民族始祖轩辕黄帝的陵墓。黄帝是我国原始社会末期一位伟大的部落首领。黄帝姓公孙，曾居于轩辕之丘（今河南新郑县轩辕丘），取名轩辕。又因崇尚土德，而土又呈黄色，故称黄帝。

黄帝陵位于陕西省延安市黄陵县城北桥山。1961年，国务院将黄帝陵公布为第一批全国重点文物保护单位，号称"天下第一陵"。黄帝陵古称"桥陵"，是中国历代帝王和著名人士祭祀黄帝的场所。

　　黄帝陵景区由轩辕庙和黄帝陵园两部分组成。轩辕庙呈四方形，庙门朝南，气势雄伟，门额上大书"轩辕庙"三字。庙院内有大殿，门额上悬挂着写有"人文初祖"四字的大匾。大殿中间安放着巨大的黄帝牌位，上书"轩辕黄帝之位"。庙院内的"黄帝手植柏"，相传为黄帝亲手所植，距今 4000 余年。巨柏高 19 米，树干下围 10 米，被誉为世界柏树之父。庙内有一碑亭，内有碑石约 50 通，内容主要是历代帝王的"御制祭文"和历代修葺陵庙的记载。

黄帝陵景区全景

　　传说黄帝活了 118 岁。有一次，在他东巡期间，突然晴天一声霹雳，一条黄龙自天而降。它对黄帝说："你的使命已经完成，请你和我一起归天吧。"黄帝自知天命难违，便上了龙背。当黄龙飞越陕西桥山时，黄帝请求下驾安抚臣民。黎民百姓闻讯从四面八方赶来，个个痛哭流涕。在黄龙的再三催促下，黄帝又跨上了龙背，人们拽住黄帝的衣襟一再挽留。黄龙带走了黄帝之后，只

黄帝陵冢

清明公祭轩辕黄帝

剩下了黄帝的衣冠。人们把黄帝的衣冠葬于桥山，起冢为陵，这就是传说中的黄帝陵的由来。但是也有人认为，黄帝死后就安葬在桥山。

【汉阳陵】

汉阳陵博物馆位于陕西省西安市北郊的渭河之畔，是依托全国重点文物保护单位汉阳陵而建立的一座考古遗址博物馆，是巧妙融合现代科技与古代文明、历史文化与园林景观于一体的大型汉文化核心景区，是国家一级博物馆。

汉阳陵陵园

汉阳陵始建于公元前153年，至公元前126年竣工，陵园占地面积20平方公里，修建时间长达28年。

汉景帝刘启（公元前188—公元前141年）是西汉刘姓第四位皇帝，在位16年，他在位时开始了汉阳陵的建设。刘启执政期间，崇奉"黄老之术"，实行轻徭薄赋、减笞去刑、和亲匈奴、与民休息的政策，与其父汉文帝刘恒执政时期被后世誉为"文景之治"，开创了中国封建社会早期治国安邦的黄金时代，为其子汉武帝刘彻开疆拓土奠定了雄厚的基础。

经过三十多年的考古勘探发掘，现已探明，汉阳陵主要由帝陵陵园、后陵陵园、南区从葬坑、北区从葬坑、礼制建筑、陪葬墓园、刑徒墓地以及阳陵邑等部分组成。帝陵陵园为方形，坐西向东，封土四周有 81 条呈放射状的陪葬坑；陵园东门外的神道、司马道向东直通 5 公里之外的阳陵邑，司马道南北两侧整齐排列着王侯将相和文武百官的陪葬墓 10 000 余座。陵区内 200 多座陪葬坑中出土的武士俑披坚执锐、严阵以待，仕女俑宽衣博带、美目流盼，动物俑成千累万、生动异常，其丰富的随葬品是中国封建帝王"事死如事生"丧葬观念盛行的真实体现。汉阳陵是迄今发现保存最为完整的汉代帝陵陵园，因而成为科学工作者研究汉代帝王陵寝制度和丧葬文化的重要实物资料。

帝陵外藏坑遗址展示厅

【乾陵】

乾陵位于陕西咸阳市乾县城北 6 公里的梁山上，是陕西关中地区唐十八陵之一，也是中国乃至世界上独一无二的一座两朝帝王、一对夫妻皇帝合葬陵。里面埋葬着唐王朝第三位皇帝高宗李治和中国历史上唯一的女皇帝武则天。

　　乾陵修建于 684 年，经过 23 年的时间工程才基本完工，气势雄伟壮观。勘探表明：乾陵内城总面积 240 万平方米，四面城墙，南有朱雀门，北有玄武门，东有青龙门，西有白虎门。在南门外有为高宗皇帝和武则天歌功颂德的"无字碑"以及参加高宗葬礼的中国少数民族首领和友好国家使臣的石刻像六十一尊。

乾陵

　　乾陵本是唐高宗李治的陵墓，实际上是一帝、一后的合葬墓。现代人认为这是二帝合葬墓，但这并不符合古代人的观点。因为神龙政变之后，武则天被迫将大唐江山归还给李氏皇族。为了死后能有栖身之所，武则天自己宣布废去自己的帝号，请求她的儿子（唐中宗李显）将自己以唐高宗皇后的身份附葬于唐高宗的乾陵。唐中宗答应了母亲的这个请求。所以在礼制上乾陵仍然属于一帝、一后的合葬墓。

乾陵特别引人注目的就是朱雀门外的神道东西两侧，分布着两组石人群像，整齐恭敬地排列于陵前。西侧 32 尊，东侧 29 尊，共 61 尊。这些石人残像大小和真人差不多，人们习惯上把这些石像称之为"番像"，也称"六十一番臣像"。这些与真人大小相仿的石人，穿着打扮各不相同，有袍服束腰的，也有翻领紧袖的。但它们都双双并立，两手前拱，姿态极为谦恭，仿佛在这里列队恭迎皇帝的到来。

六十一番臣

在朱雀门外的司马道东侧，耸立着闻名于世的武则天无字碑。武则天精心设计并树立的这块无字碑，在整个乾陵陵园的石雕中，不仅处于显著位置而引人注目，而且以其精湛的雕刻艺术以及种种富于传奇色彩的传说故事而倍受关注。

无字碑上为何无字，民间出现了三种说法。第一种说法认为，武则天立无字碑是用以夸耀自己，表示功高德大非文字所能表达。第二种说法认为，武则天立无字碑是因为自知罪孽深重，感到还是不写碑文为好。第三种说法认为，武则天是一个有自知之明的人，立无字碑是聪明之举，功过是非让后人去评论，这是最好的办法。

无字碑

【昭陵】

　　昭陵是唐朝第二代皇帝李世民的陵墓，是陕西关中"唐十八陵"中规模最大的一座，位于礼泉县城东北 22 公里的九嵕山上（海拔 1188 米）。陵园周长 60 多公里，总面积 2 万余公顷，陪葬墓 180 余座，被誉为"天下名陵"和世界最大的皇家陵园。从唐贞观十年（636 年）太宗文德皇后长孙氏首葬到唐开元二十九年（741 年），昭陵陵园建设持续 107 年之久，地上地下遗存了大量的文物。它是初唐走向盛唐的实物见证，是我们了解、研究唐代乃至中国封建社会政治、经济、文化难得的文物宝库。

昭陵

【茂陵博物馆】

茂陵博物馆位于陕西省咸阳与兴平之间的五陵塬上，距西安市西北约 40 公里，是一座以汉武帝茂陵、霍去病墓及大型石刻群而蜚声海内外的西汉断代史博物馆。博物馆馆藏文物数量多、展品绚丽多彩，现有文物陈列室两间，汉武帝故事造像艺术展室一间，石刻廊房六间。茂陵始建于汉武帝建元二年(公元前 139 年)，

茂陵

建设历时 53 年，耗资巨大，是西汉帝王陵中规模最大的一座陵墓，也是了解、研究汉代历史的一个重要基地。

二、宗 教 文 化

【法门寺】

法门寺位于陕西省宝鸡市扶风县城北约 10 公里处的法门镇，东距西安市 120 公里，西距宝鸡市 96 公里。法门寺始建于东汉末年，距今约有 1700 多年历史，有"关中塔庙始祖"之称，因安置释迦牟尼佛指骨舍利而成为著名的佛教圣地。

法门寺保持了塔前殿后的格局，以真身宝塔为寺院中轴，塔前是山门、前殿，塔后是大雄宝殿，这是中国佛教寺院的典型格局。寺院的西院是法门寺博物馆，有多功能接待厅、珍宝阁等建筑。

● 真身宝塔

真身宝塔因塔下藏有佛祖真身舍利而得名，唐代建四级木塔，明代改建砖塔。1981 年 8 月 24 日明塔的一半崩塌，剩下半壁残塔。1987 年春发掘出唐代塔基，证实其为正方形，边长 26 米，木结构。1988 年四月按坍塌前的明塔实测图施工复原，以钢筋水泥为骨架，青砖砌色而成。形状与明塔相同，八卦定向，十三级，47 米高，雄伟壮观。塔内还修建了平台供游人登高眺望。

● 法门寺地宫

法门寺唐代地宫于 1987 年发现，是世界上现存时代最久远、规模最大、等级最高的佛塔地宫。地宫所保存的大批文物，不仅等级高、品种多，有的甚至完好如初，对研究唐代政治、经济、文化、宗教等多种学科提供了实物证据。法门寺地宫文物代表了唐文化的金字塔尖。

真身宝塔

法门寺地宫

● 合十舍利塔

法门寺合十舍利塔始建于 2004 年，塔高 148 米，呈双手合十状，中间有安放佛指舍利的宝塔型建筑，塔内供奉着举世闻名的佛祖释迦牟尼真身舍利。总建筑面积为 76 690 平方米，其中地上为 60 225 平方米，地下约为 16 465 平方米。2009 年 3 月 29 日，佛教圣地法门寺合十舍利塔落成，2009 年 5 月 9 日举行佛指舍利安奉大典。

合十舍利塔

佛指舍利

● 佛光大道

佛光大道长1230米，1代表这里供奉着世界上唯一的释迦牟尼指骨舍利，2代表新旧两座宝塔，3就是代表佛法僧三宝的设计规划，而0就是万物众生。远远望去，佛光大道直通合十舍利塔，是众生不断攀登、不断升华的过程。

佛光大道

【大慈恩寺】

大慈恩寺位于陕西省西安市，始建于648年，是唐贞观二十二年(648年)太子李治为了追念他的母亲文德皇后而建。652年，玄奘为珍藏从印度带回的大量梵本佛典，仿西域建筑形式修建五层方塔安放梵本，即大雁塔，后历代屡有修建。今日的慈恩寺是明嘉靖以来的规模，而寺内的殿堂则是清代末年的建筑，1983年被定为汉族地区全国重点寺院。玄奘曾在这里主持寺务，领管佛经译场，创立佛教宗派，寺内的大雁塔又是他亲自督造的，所以大慈恩寺在中国佛教史上地位十分突出。

大慈恩寺塔（大雁塔）

唐三藏

从北广场看大雁塔

【大兴善寺】

　　大兴善寺位于陕西省西安市城南，是中国佛教密宗祖庭，被国务院确立为汉族地区佛教全国重点寺院。它始建于晋武帝泰始二年(266年)，原名"遵善寺"。隋文帝杨坚在兴建都会大兴城(今西安)时，敕令建造了大兴善寺作为国寺。因隋文帝在北周时原为大兴郡公，故取"大兴"二字和"靖善坊"的"善"字命名。

大兴善寺

【草堂寺】

草堂寺位于西安西南约 50 多公里的户县圭峰山北麓，东临沣水，南对终南山圭峰、观音、紫阁、大顶诸峰，景色秀丽，是国务院确立的汉族地区佛教全国重点寺院。该寺创建于距今 1500 多年的东晋末年，不仅是佛教的著名古刹，也是三论宗祖庭，还是名闻关中的古迹胜境。因其以草苫为寺中一堂屋顶，故名"草堂寺"。

草堂寺

【楼观台】

楼观（常称楼观台）是中国道教的重要圣地，位于秦岭北麓中部周至县境内，东距西安 76 公里，西距周至县城 15 公里。

楼观始创于西周，鼎盛于唐，衰落于宋金，毁于宋末，振兴于今。楼观台名胜风景规划区 323 平方公里，楼观为核心景区，主体景观为说经台，传说中国道教创始人"老子"在楼观台写下了千古不朽的《道德经》，共 5000 余字。

楼观台

三、养生休闲

【华清池】

华清池是位于唐华清宫遗址之上的一座皇家宫苑，西距西安30 公里，南依骊山，北临渭水。因其亘古不变的温泉资源、唐明皇与杨贵妃的爱情故事、西安事变发生地以及丰富的人文历史资源而成为中国著名的文化旅游景区。

华清池融人文历史和自然景观于一体，周、秦、汉、隋、唐等历代帝王在此修建离宫别苑。景区仿唐建筑大气恢宏，园林风光别具一格。主要景点有唐华清宫御汤遗址博物馆、西安事变旧址、九龙湖与芙蓉湖风景区、唐梨园遗址博物馆，有飞霜殿、昭阳殿、长生殿、环园和禹王殿等标志性建筑群，有体验皇家温泉的以澜汤殿、御汤苑、星辰苑、尚食苑、长汤苑、少阳苑、香凝阁和御膳阁为主的华清御汤酒店。

华清宫

杨贵妃

　　2007 年 4 月推出的大型实景历史舞剧《长恨歌》，成为中国旅游文化创意产业的成功典范。该剧改编自唐代诗人白居易的叙事

海棠汤

长诗《长恨歌》，通过舞剧这一高雅的艺术形式，调度了真山、真水、真景物的宏大表现场面，演绎了唐玄宗李隆基和贵妃杨玉环生生死死、缠绵悱恻的爱情故事和大唐盛世的恢宏气象。

历史舞剧《长恨歌》

【大唐芙蓉园】

　　大唐芙蓉园位于古都西安大雁塔之侧，是中国第一个全方位展示盛唐风貌的大型皇家园林式文化主题公园。早在历史上，芙蓉园就是久负盛名的皇家御苑。

大唐芙蓉园

　　大唐芙蓉园建于原唐代芙蓉园遗址之上，占地 1000 亩，其中水面 300 亩。全园景观分为十二个主题文化区域，从帝王、诗歌、民间、饮食、女性、茶文化、宗教、科技、外交、科举、歌舞等方面全面展现了大唐盛世的灿烂文明。园中亭台楼阁、雕梁画栋，包括紫云楼、仕女馆、御宴宫、芳林苑、凤鸣九天剧院、杏园、陆羽茶社、曲江胡店、大唐新天地等众多景点。

大唐芙蓉园紫云楼

大唐芙蓉园一角

【曲江海洋公园】

　　曲江海洋极地公园位于"国家文化产业示范区"——曲江新区内，是西北第一家将高科技与海洋文化相结合，展示海洋世界景观、极地旖旎风光的海洋极地文化主题公园，也是国家 AAAA

级旅游景区和全国海洋科普教育基地。

曲江海洋世界

　　曲江海洋极地公园总占地70亩，主要由海洋馆、极地馆及黄金海岸商业街三部分构成，是集海洋极地文化体验、休闲娱乐、科普教育、广场文化等诸多功能于一体的海洋极地文化展示基地，也是国内建设规模最大的海洋极地主题公园之一。

海底隧道

北极熊

【西安世园会】

　　西安世园会会址广运潭，位于浐灞之滨。西安世界园艺博览会园区在会展期间被划分为世博园区和生态休闲区两个区域。其中世博园区是世界园艺博览会的展览区域，依托现有水系，以五岛为基本单元，按照参展主体和展览主题，将世博园区划分为长安岛、创意岛、科技岛、华夏岛、国际岛等五个板块。

长安塔

吉祥物

世园会会徽

鸟瞰世园会

四、红色旅游

【凤凰山革命旧址】

凤凰山革命旧址位于延安城内凤凰山下，是中共中央 1937 年 1 月 13 日到达延安后的第一个驻地。对外开放的有毛泽东、周

凤凰山革命旧址

恩来、朱德的旧居和红军总部作战研究室旧址。

【杨家岭革命旧址】

杨家岭是 1938 年 11 月～1947 年 3 月中共中央驻址。在此期间，中共中央继续指挥抗日战争敌后战场并领导了解放战争，领导了大生产运动和整风运动，召开了党的"七大"和延安文艺座谈会。1942 年中央大礼堂建成，党的第七次代表大会于 1945 年 4 月 23 日至 6 月 21 日在此隆重召开。

杨家岭中共七大会场

杨家岭中央大礼堂

【王家坪革命旧址】

1937 年～1947 年期间，延安王家坪是中共中央军事委员会和红军总司令部的所在地，抗日战争胜利庆祝大会曾在此举行。

王家坪八路军总部旧址

王家坪毛主席旧居

【枣园】

枣园是 1944 年 11 月～1947 年 3 月中共中央书记处驻地。毛泽东、周恩来、朱德、刘少奇、任弼时、张闻天、彭德怀等先后在这里居住。

枣园

【中共中央西北局】

1941 年，中共中央西北工作委员会和陕甘宁边区中央局合并组成中共中央西北局，以加强党对西北地区解放区（包括陕甘宁边区）和国民党统治区各方面工作的领导。

中共中央西北局旧址

习仲勋旧居

【南泥湾】

南泥湾是延安精神的发源地，如今的它已成为现代都市人度假休闲的好去处。

自己动手丰衣足食

南泥湾水如天

第六章　文化名人

一、文学类

★著名作家：路遥、陈忠实、贾平凹、高建群。

路遥（1949—1992），原名王卫国，中国当代作家，生于陕北一个农民家庭。其代表作《平凡的世界》以其恢宏的气势和史诗般的品格，全景式地展现了改革时代中国城乡的社会生活和人们思想情感的巨大变迁，该作获得第三届茅盾文学奖。路遥因肝病英年早逝，年仅43岁。

《平凡的世界》是路遥创作的一部百万字的长篇巨著。这是一部全景式展现中国当代城乡社会生活的长篇小说，全书共三部。作品定格在中国70年代中期到80年代中期近十年间的广阔背景上，通过复杂的矛盾纠葛，以孙少安和孙少平两兄弟为中心，刻画了当时社会各阶层众多普通人的形象；劳动与爱情、挫折与追求、痛苦与欢乐、日常生活与巨大社会冲突纷繁交织在一起，深刻地展示了普通人在大时代历史进程中所走过的艰难曲折的道路，读来令人荡气回肠，不忍释卷，被誉为"茅盾文学奖"皇冠上的明珠，激励千万青年的不朽经典。

陈忠实 (1942—)，中国当代著名作家，中国作家协会副主席，1997年获茅盾文学奖。《白鹿原》是其成名著作，被教育部列入"大学生必读"系列，已发行逾160万册，被改编成秦腔、话剧、舞剧、电影等多种艺术形式。

陈忠实的长篇小说《白鹿原》以渭河平原上白鹿村的历史变迁为背景，围绕白、鹿两家几代人的争夺和冲突，全方位地展示了从清末到新中国成立五十年间中国政治、经济、文化的生存状态。小说较少正面触及阶级斗争和社会矛盾，而是从文化哲学的高度，将政治意识形态、革命历史与儒家文化、宗法礼仪、民情风俗以及性与暴力结合在一起，以文化史诗的框架，完成对二十世纪上半叶中国社会政治风云演变史的叙述。

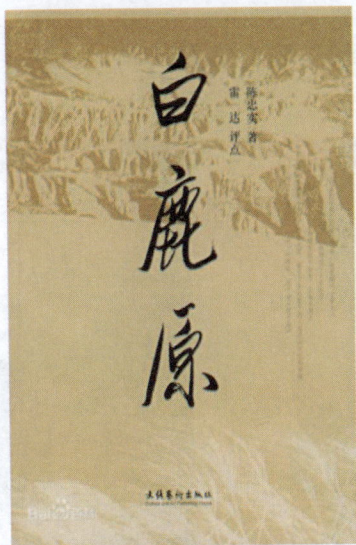

贾平凹 （1952—），陕西作家协会主席，当代著名作家。贾平凹是我国当代文坛屈指可数的文学大家和文学奇才，是当代中国最具叛逆性、最富创造精神和广泛影响的作家，也是当代中国可以进入中国和世界文学史册的为数不多的著名文学家之一，被誉为"鬼才"，曾多次获文学大奖。代表作有《废都》（法国费米娜文学奖）、《秦腔》（第七届茅盾文学奖）、《浮躁》（美孚飞马文学奖），等等。

《废都》以历史文化悠久的古都西安当代生活为背景，记叙"闲散文人"作家庄之蝶、书法家龚靖元、画家汪希眠及艺术家阮知非"四大名人"的起居生活，展现了浓缩的西京城形形色色"废都"景观。作者以庄之蝶与几位女性的情感纠葛为主线，以阮知非等诸名士穿插叙述为辅线，笔墨浓淡相宜。在诸多女性中，唐宛儿、柳月、牛月清是他塑造最为成功的鲜明人物。在这些充满灵性、情感聪慧而富有古典悲剧色彩的人物身上，体现出作者至高的美学理想。

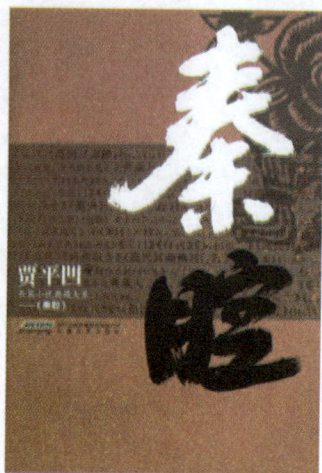

　　1993 年，贾平凹的《废都》发表在《十月》杂志第 4 期，后由北京出版社出版。这本描写当代知识分子生活的艳情小说，由于其独特而大胆的态度以及赤裸裸的性描写，引起社会各界的激烈争议，小说毁誉参半。

　　代表作《秦腔》获第七届茅盾文学奖。《秦腔》以两条线展开，一条线是秦腔戏曲，一条线是农民与土地的关系。这两条线相互纠结，在一个叫清风街的村庄里演变着近三十年的历史。清风街有白家和夏家两大户，白家早已衰败，但白家却出了一个著名的秦腔戏曲演员白雪，白雪嫁给了夏家的儿子。夏家家族两代人主宰着清风街，而两代人在坚守土地与逃离土地的变迁中充满了对抗和斗争。三十年里，清风街以白、夏两大户以及芸芸众生的生老病死、悲欢离合为内容，真实而生动地再现了中国社会大转型给农村带来的激烈冲击和变化，给农民带来的心灵惊恐和撕裂。

高建群 （1954—），新时期重要的西部小说家，国家一级作家。高建群被誉为浪漫派文学"最后的骑士"。上世纪 90 年代初，高建群以长篇小说《最后一个匈奴》蜚声文坛，与陈忠实、贾平凹并称为"陕军东征"的"三驾马车"。

匈奴，这个崇拜狼的草原游牧民族，曾经游荡在西北坦荡的土地上，他们像狼一样地充满野性、勇猛剽悍、骁勇善战；他们从草原上崛起，与强大的秦汉对峙，称雄数百年；他们以铁骑征服了广大土地，他们的牛羊吃草到哪里，哪里就是他们的疆域。但这个人类历史上最强悍的、震撼了东西方世界的马背民族，却在自己最为辉煌的时候，没有留下任何文字，神秘地从历史舞台上忽然消失了。《最后一个匈奴》这部高原史诗，再现了陕北这块

匈奴曾留下深深足迹的特殊的历史。作家高建群力图为匈奴民族的历史轨迹寻找到一点蛛丝马迹。作品也为人们展现了三个家族的两代人波澜壮阔的人生传奇。在这部书中，作者描写了一系列行走在黄土山路上的命运各异的人物，他在这些人物尤其是吴儿堡家族人物身上，寄托了自己的梦想和对陕北以至对我们这个民族美好的祝愿。

● 陕军东征

陕军东征是 20 世纪 90 年代的一种文学现象，曾经震动文坛。在作家出版社为《最后一个匈奴》举行的座谈会上，有文学评论家说："陕西人要来个挥马东征啊！"。随后，光明日报记者韩小蕙在《光明日报》发表了题为《"陕军东征"火爆京城》的文章，"陕军东征"由此得名。

"陕军东征"这个词一出现，立即成为当年文化界最火爆的现象，全国的长篇小说创作由此走向高潮。陕军东征有五位作家，其中陈忠实、贾平凹和高建群被称为"东征三驾马车"。

二、艺术类

★西安曾经的音乐"三剑客"：郑钧、许巍、张楚。

郑钧（1967—），陕西西安人，中国著名摇滚乐歌手。20 世纪 90 年代，郑钧以真诚而打动人心的音乐红遍全国，《赤裸裸》、《回到拉萨》、《灰姑娘》等歌曲被广泛传唱，给当时的年轻人极大的温暖。后来的《怒放》和《稍安勿躁》等歌曲，郑钧更加清晰地表达了作为一个音乐人的态度——"我只做我喜欢的音乐"。他大胆、质朴、充满力量的歌曲，唤起大家内心深处的情感，也奠定了他在国内摇滚界和原创音乐界的地位。

※※※ 灰 姑 娘 ※※※

怎么会迷上你 / 我在问自己 / 我什么都能放弃 / 居然今天难离去 / 你并不美丽 / 但是你可爱至极 / 哎呀灰姑娘 / 我的灰姑娘

我总在伤你的心 / 我总是很残忍 / 我让你别当真 / 因为我不敢相信 / 你如此美丽 / 而且你可爱至极 / 哎呀灰姑娘 / 我的灰姑娘

也许你不曾想到我的心会疼 / 如果这是梦 / 我愿长醉不愿醒

我曾经忍耐 / 我如此等待 / 也许在等你到来 / 也许在等你到来……

许巍（1968—），陕西西安人，内地摇滚音乐界的重要人物。1995 年，许巍作词作曲的《执着》被歌手田震唱红大江南北，并有机会签约红星生产社出版了首张专辑《在别处》，立刻引起了轰动，专辑在无任何宣传的情况下，销售量达 50 万张。

2002 年发行专辑《时光·漫步》，凭借专辑获得第 3 届音乐风云榜最佳摇滚专辑、最佳摇滚歌手奖，歌曲《礼物》获得最佳摇滚单曲、内地年度十大金曲奖。2010 年被授予"中国十年最具影响力音乐人物"的荣誉。2013 年 1 月 29 日许巍签约歌华莱恩。

※※※ 礼 物 ※※※

让我怎么说 / 我不知道 / 太多的语言 / 消失在胸口 / 头顶的蓝天 / 沉默高原 / 有你在身边 / 让我感到安详

走不完的路 / 望不清的天涯 / 在燃烧的岁月 / 是漫长的等待

当心中的欢乐 / 在一瞬间开启 / 我想有你在身边 / 与你一起分享……

张楚 (1968—)，中国大陆音乐人，他的一首《姐姐》唱遍大江南北。张楚是中国最具人文气质的歌手，他的歌词有着浓厚的现代诗歌味道，含蓄而深邃，他用歌词这一边缘文学形式表达着自己的思索与体验。他的歌特别感伤，歌声浑厚苍茫，他的音乐和语词是作为一体而产生的，是一同从心里流出来并任其自然地流下去。

※※※ 姐 姐 ※※※

这个冬天雪还不下 / 站在路上眼睛不眨 / 我的心跳还很温柔 / 你该表扬我说今天很听话 / 我的衣服有些大了 / 你说我看起来挺嘎 / 我知道我站在人群里 / 挺傻

我的爹他总在喝酒是个混球 / 在死之前他不会再伤心不再动拳头 / 他坐在楼梯上面已经苍老 / 已不是对手

感到要被欺骗之前 / 自己总是做不伟大 / 听不到他们说什么 / 只是想忍要孤单容易尴尬 / 面对我前面的人群 / 我得穿过而且潇洒 / 我知道你在旁边看着 / 挺假

姐姐我看见你眼里的泪水 / 你想忘掉那侮辱你的男人到底是谁 / 他们告诉我女人很温柔很爱流泪 / 说这很美

噢！姐姐 / 我想回家 / 牵着我的手 / 我有些困了 / 噢！姐姐 / 带我回家 / 牵着我的手 / 你不用害怕 / 我有些困了……

★著名导演：吴天明、张艺谋、顾长卫

吴天明（1939—2014），中国内地著名导演。1960 年考入西影演员培训班；1976 年入北京电影学院导演进修班；任助理导演和副导演三年。上世纪八十年代，吴天明担任西安电影制片厂厂长后，大胆改革，锐意创新，出品了《红高粱》等一系列电影精品，起用了张艺谋、黄建新等青年导演，是公认的电影界的伯乐，西部电影的领军人物。

吴天明导演了电影《老井》（1988 年获得第八届金鸡奖最佳故事片奖、最佳导演奖，第十一届百花奖故事片奖，第二届东京国际电影节故事片大奖，第七届夏威夷国际电影节评审团特别奖）、《人生》等，同时出演过电影《秦俑》、《飞跃老人院》等，是中国第四代导演中德高望重的代表人物。

电影《老井》围绕几代农民打井的故事，反映了当代农村战胜自然、战胜自我的斗争，反映了民族文化意识的不同方面。影片以现实主义的手法表现了当代农村青年的献身精神，并由此歌颂了中华民族的顽强毅力。

中文名：老井
外文名：Old Well
出品时间：1986 年
出品公司：西安电影制片厂
制片地区：中国
导演：吴天明
类型：剧情，爱情
主演：张艺谋，吕丽萍，梁玉瑾
片长：130 分钟

上映时间：1986 年

对白语言：中文

张艺谋　张艺谋（1950—），中国大陆第五代导演的代表人物，2008 年北京奥运会开幕式总导演。张艺谋拍摄的电影多次获得国际电影节大奖，多次担任国际电影节评委及评委会主席。

张艺谋导演早期以拍摄中国传统文化的电影著称，艺术特点是逼真的细节和浪漫的色彩互相映照。1987 年执导的第一部电影《红高粱》获中国首个国际电影节金熊奖。此外，他于 80 至 90 年代末创作的代表作《菊豆》、《大红灯笼高高挂》、《秋菊打官司》、《活着》、《一个都不能少》、《我的父亲母亲》等影片在国内外屡屡获奖，并三次提名奥斯卡和五次提名金球奖。2002 年后商业片代表作《英雄》、《十面埋伏》、《满城尽带黄金甲》及《金陵十三钗》，两次刷新中国电影票房纪录、四次夺得年度华语片票房冠军。

电影《红高粱》是一个具有神话意味的传说，以童稚观点回忆"我爷爷"和"我奶奶"的故事。影片塑造了"我奶奶"等一批中国普通老百姓群像，歌颂了原始的人性之美与蓬勃旺盛的生命力以及他们敢生、敢死、敢爱、敢恨的民族精神。《红高粱》以浓烈的色彩、豪放的风格为人所称道，也为张艺谋的电影风格奠定了基础。

中文名：红高粱　　　　　外文名：Red Sorghum

出品时间：1987 年　　　 出品公司：西安电影制片厂

制片地区：中国

导演：张艺谋

编剧：莫言，陈剑雨，朱伟

类型：剧情，战争
主演：姜文，巩俐，滕汝骏
片长：91 分钟
上映时间：1988
对白语言：中文

顾长卫　（1957—），1978 年考入北京电影学院摄影系，曾以陈凯歌执导的《霸王别姬》入围美国奥斯卡最佳摄影奖以及获得"世纪百位杰出摄影师"等荣誉。

2004 年，顾长卫拍摄了自己执导的首部电影《孔雀》，描述了20 世纪 70 年代到 80 年代，一个河南安阳普通家庭的生活，获得了强烈反响。2007 年，顾长卫执导的第二部影片《立春》入围罗马电影节竞赛单元，女主角蒋雯丽凭借剧中出色的演出获得了该届电影节最佳女演员奖。

电影《立春》是一部励志片。它并没有指出一条通向成功的康庄大道，也没有把个人理想渲染得如何远大，而是通过讲述一群小人物的艺术追求，呈现了个人和群体的孤独以及这孤独背后流淌着的暖意。

中文名：立春　　　　外文名：And the Spring Comes
出品时间：2007　　　制片地区：中国
导演：顾长卫
编剧：李樯
制片人：董平
类型：剧情，音乐
主演：蒋雯丽，张瑶，李光洁，焦刚

片长：90 分钟上映时间：2007
对白语言：中文

★**演员**：文章、闫妮、尤勇、郭达

文章 (1984—)，中国内地男演员，2006 年毕业于中央戏剧学院表演系。2004 年参演电视剧《与青春有关的日子》，开始在影视圈崭露头角，2007 年凭借《奋斗》跻身一线演员行列。2008 年主演赵宝刚执导的电视剧《蜗居》，饰演 80 后城市青年小贝。2009 年，在电影《海洋天堂》中扮演自闭症患者王大福；同年参演抗战题材的电视剧《雪豹》。2011 年，主演的电视剧《裸婚时代》在全国各大卫视播出，收视率不俗。2012 年，凭借电影《失恋33 天》获得第 31 届大众电影百花奖最佳男主角奖。

● 失恋 33 天

《失恋 33 天》改编自鲍鲸鲸的同名人气网络小说，故事用亲切又不失幽默的方式讲述女主角黄小仙从遭遇失恋到走出心理阴霾的 33 天。电影由导演滕华涛执导，文章、白百何主演，于 2011 年 11 月 8 日全国上映。

上映四天票房成功突破亿元大关，首周票房更是达到 1.89 亿，夺得当周票房冠军。总票房为 3.5 亿元人民币，成为了年度票房市场的最大"黑马"，也是 2011 年中小成本最卖座的国产电影。

闫妮 （1971—），空军电视艺术中心女演员。闫妮是从舞台上开始演艺生涯的，1999 年初次登上银幕。她的第一个主要角色是在电影《公鸡打鸣，母鸡下蛋》中扮演马巧巧，之后主要出演了《行棋无悔》、《非常周末》和《健康快车》等电视剧。2006 年，闫妮主演了情景喜剧《武林外传》一夜成名，并荣获数字电影百合奖最佳女主角奖，在国内赢得了极高的知名度和众多的观众群。

《武林外传》是一部 2006 年的中国大陆章回体古装情景喜剧，由尚敬导演执导，闫妮、沙溢、姚晨等演员主演。2006 年 1 月 2 日在中央电视台电视剧频道黄金档首播，并陆续在中国大陆各地方电视台重播。该剧在香港由无线电视台首播，在台湾由八大电视台首播。

《武林外传》的故事围绕着一个在明代关中地区虚拟的小镇"七侠镇"中"同福客栈"里的女掌柜佟湘玉和她的几个伙计展开。这群年轻人在同一屋檐下演绎了一幕幕经典的搞笑场面，在欢笑与眼泪中陪伴观众们渐渐成长。

尤勇 尤勇（1963—），1984 年考入上海戏剧学院表演系，1988 年出演影片《疯狂的代价》，从此步入影坛。尤勇在电视荧幕上多扮演正气凛然的警察、军人等，是标准的"军人专业户"。近几年出演过《天下无贼》，《大事件》，《黑社会》等影视剧。

郭达　（1955—），国家一级演员（现属总政话剧团演员），以幽默诙谐的表演、质朴忠厚的形象深受观众喜爱。他多次同蔡明于春节联欢晚会上亮相，成功扮演了小品中的角色，也是西部喜剧演员的代表人物。

三、体 育 类

★奥运冠军：田亮、郭文珺

田亮　（1979—），前跳水运动员，17 岁参加 1996 年的亚特兰大奥运会，2000 年悉尼奥运会获得男子 10 米跳台冠军，从此一"跳"而红，并凭借极具亲和力的微笑和帅气俊朗的外表成为国民心中的跳水王子。2007 年退役转战影视圈。

郭文珺　（1984—），奥运冠军，中国女子射击队运动员，14 岁起在西安市业余军体校开始射击训练，2005 年 12 月入选陕西省队，在 2006 年的全国射击比赛中表现出色，连续三站获得女子 10 米气手枪项目奖牌。2006 年 9 月进入国家队，专攻女子 10 米气手枪；2008 年在北京奥运会上夺得女子 10 米气手枪冠军。2012 年 7 月 29 日，获得伦敦奥运会女子 10 米气手枪项目金牌。

第七章　腾飞中的陕西

一、丰富的教育科技资源

截至 2013 年，全省共有高等学校 97 所，其中普通高等学校 79 所，包括西安交通大学、西北工业大学、西安电子科技大学等。全年招收普通本专科学生 32.7 万人，在校学生 102.6 万人；研究生招生 3.2 万人，在校研究生 9.5 万人；成人高等教育招生 6.5 万人，在校学生 19.9 万人。

陕西"211 工程"大学		
序号	院校名称	属性
1	西安交通大学	985 工程、211 工程
2	西北工业大学	985 工程、211 工程
3	西北农林科技大学	985 工程、211 工程
4	西安电子科技大学	211 工程
5	长安大学	211 工程
6	陕西师范大学	211 工程
7	西北大学	211 工程
8	第四军医大学	211 工程

西安交通大学

西北工业大学

西安电子科技大学校园一角

　　陕西省民办高等教育是一张亮丽的名片。截至目前，全省共有民办高校(机构)78 所，其中独立学院 12 所，民办高校中本科院校 9 所，获得学士学位授予权的学校 21 所；具有专业硕士学位研究生教育资格的学校 1 所、万人以上规模的学校 10 所。

西京学院

西安培华学院

陕西是科技资源雄厚、科技实力较强的省份。科技成果方面，仅 2013 年，地方登记的科技成果共 3281 项，全年签定各类技术合同 17 596 项，合同成交总额 334.8 亿元。其中，技术开发合同 8690 项，成交金额 176.5 亿元；技术转让合同 503 项，成交金额 24.3 亿元；技术咨询合同 1032 项，成交金额 11 亿元；技术服务合同 7371 项，成交金额 123.9 亿元。全年受理专利申请量总计 43 608 件，其中发明专利 17 043 件，实用新型专利 16 392 件，外观设计专利 10 173 件；专利授权量总计 14 908 件，其中授权发明 4018 件，实用新型 9158 件，外观设计 1732 件。

二、便 利 的 交 通

陕西全省公路基本形成了以西安为中心，四通八达的骨干网络。全省公路线路里程达到 151 986 公里。等级公路 139 453 公

陕西公路网示意图

里。运输网密度 0.739 公里/平方公里。全年旅客发送量 101 062
万人，货物发送量 90 419 万吨。

西康高速旬河特大桥

　　铁路方面，全省有郑西客专、陇海、宝成、宝中、宁西、西
康、襄渝等重要干线，纵贯南北，横跨东西，辐射甘肃、宁夏、河
南、山西、四川、湖北、重庆等省市部分地区，是承东启西、连接
南北的咽喉要道，是进出川、渝、滇、黔西南地区的运输通道，是
西北乃至全国重要客货流集散地和转运枢纽之一，在全国路网中
具有重要的战略地位。全省铁路里程达到 8792 公里，铁路营业里
程达到 4449 公里。

　　航空方面，全省航线里程达到 898628 公里，航线条数 373，
国际航线 44 条，港澳航线 8 条。通航城市 165 个，国际航线通航
城市 44 个，港澳航线通航城市 5 个。

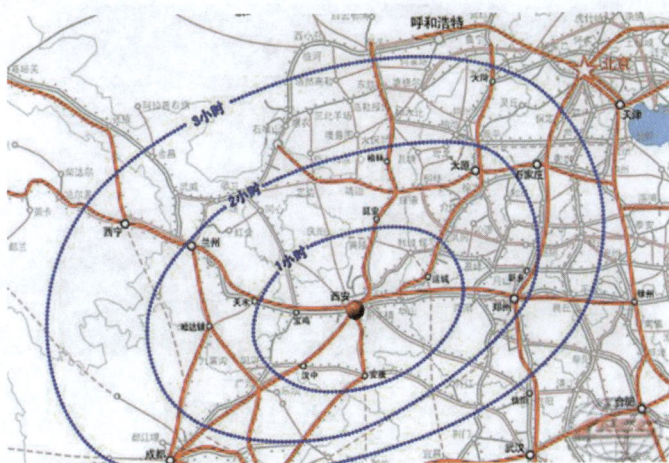

以西安为中心的区域铁路快速客运网

运行中的郑西高铁列车

西安咸阳国际机场 T3 航站楼

三、蓬勃发展的开发区

　　高新技术是对一般传统技术而言的新兴尖端技术，是代表一个国家和地区综合实力和整体竞争力的重要先导产业，也是未来经济与社会发展最重要的新增长点，对经济发展有突破性的带动作用。近年来，陕西高新技术产业始终保持较高的增长速度，规模不断扩大，经过"十一五"、"十二五"的大力发展，企业经济效益取得了巨大的进步。产业结构进一步优化升级，核心竞争力不断提高。以西安高新区、西安经开区、杨凌示范区等国家级开发区（产业基地）为代表的高技术产业集聚区，年均产值增长在30％以上。

西安高新技术产业开发区

　　西安高新技术产业开发区1991年3月被国务院首批批准为国家级高新区，多年以来综合竞争力等指标一直位列全国56个高新区前五位，其经济、科技资源活跃，被誉为"中国硅谷"。

西安高新技术产业开发区

蓬勃发展的高新技术产业开发区

2012 年 9 月 12 日，改革开放以来中国大陆最大宗的外商投资项目"三星电子"高端闪存芯片项目正式在西安高新区开工建设，项目第一期投资 70 亿美元。该项目是韩国对外最大的投资项目。

西安经济技术开发区

　　西安经济技术开发区于 1993 年 10 月正式开工建设，2000 年 2 月被国务院批准为国家级开发区。建区以来，西安经开区已初步发展成为一个外向型的现代工业园区和城市新区，累计入区企业 3600 余家，外资企业 100 余家，包括 29 家世界 500 强企业。

西安经济技术开发区

蓬勃发展的西安经济技术开发区

西安曲江新区

西安曲江新区原名西安曲江旅游度假区，是陕西省人民政府于 1993 年批准设立的省级旅游度假区，2003 年 7 月更名为"曲江新区"，区内有大雁塔、大唐芙蓉园、曲江海洋世界、大唐不夜城等旅游点。曲江新区核心区域面积达 40.97 平方公里，是以文化产业和旅游产业为主导的城市发展新区，也是全国仅有的两家"国家级文化产业示范园区"之一（另一个为深圳华侨城集团）。曲江新区设立以来，不断创新开发思路，提高城市运营水平，突现了文化产业、文化事业、文化工程和城市新区建设的协调统一，成为西安的名片，走出了一条具有曲江特色的跨越式发展道路。

曲江新区

曲江池遗址公园

宝鸡高新技术产业开发区

宝鸡高新技术产业开发区是 1992 年 11 月国务院批准的国家级高新区。近年来，高新区发展迅猛，已成为关中—天水经济区乃至西部地区基础配套设施完善、生态环境优美、科技企业集聚的高地和拉动区域经济发展的强大引擎。

高新大厦

渭水苑

杨凌农业高新技术产业示范区

杨凌作为我国唯一的国家农业高新技术产业示范区，自1997年成立以来，与西北农林科技大学等院校积极合作，构建产学研紧密结合平台，重点在农业生产经营模式、技术集成应用、全生产链质量安全控制、社会化服务保障、生态循环农业发展等方面进行了积极探索，并取得了明显成效。

西北农林科技大学昆虫馆

杨凌农业高新技术成果博览会展出的蝶形辣椒

西安阎良国家航空高技术产业基地

西安阎良国家航空高技术产业基地是国家发改委 2004 年 8 月批复设立的国内首家国家级航空高技术产业基地。阎良驻有众多国家航空企业和科研、教学单位，是亚洲地区最大的集飞机研究设计、生产制造、强度检测、试飞鉴定、航空教学五位一体的"航空城"

飞速发展的阎良航空基地

阎良航空基地航空科技馆

西咸新区

西咸新区是经国务院批准设立的国家级新区，位于陕西省西安市和咸阳市之间，规划控制面积 882 平方公里。西咸新区是关中—天水经济区的核心区域，其特点是：区域优势明显，经济基础良好，教育科技人才汇集，历史文化底蕴深厚，自然生态环境较好。

西咸新区规划图

秦汉新城规划展览中心

沣河湿地公园

西安国际港务区

西安国际港务区位于西安主城区东北部灞河与渭河之间的三角洲地带，规划控制区面积120平方公里。园区通过将沿海的港口口岸服务功能内移至西安，借助西安铁路集装箱货运中心站、西安综合保税区、西安公路港的功能叠加效应，实现公（路）、铁（路）、空、海等多式联运的便捷、高效运转，从而有效发挥西安的交通枢纽优势，提高物流效率，推动产业聚集和提升。

西安综合保税区

西安铁路集装箱货运中心站

西安公路港

图书在版编目(CIP)数据

看陕西：当今魅力 / 秦枫，周正履主编. —西安：
西安电子科技大学出版社，2018.5
ISBN 978 - 7 - 5606 - 3591 - 0

Ⅰ. ① 看… Ⅱ. ① 秦… ② 周… Ⅲ. ① 陕西—概况
Ⅳ. ① K924.1

中国版本图书馆 CIP 数据核字(2018)第 008108 号

策　　划　陈　婷
责任编辑　马乐惠
出版发行　西安电子科技大学出版社(西安市太白南路 2 号)
电　　话　(029)88242885　88201467　邮　编　710071
网　　址　www.xduph.com　电子信箱　xdupfxb001@163.com
经　　销　新华书店
印刷单位　陕西百花印刷有限责任公司分公司
版　　次　2018 年 5 月第 1 版　2018 年 5 月第 1 次印刷
开　　本　850 毫米×1168 毫米　　1/32　　印张 6
字　　数　145 千字
印　　数　1～1000 册
定　　价　39.80 元
ISBN 978 - 7 - 5606 - 3591 - 0/K
XDUP 3883001 - 1
封面审图号　陕 S(2018)003 号

＊ ＊ ＊ 如有印装问题可调换 ＊ ＊ ＊

本社图书封面为激光防伪覆膜，谨防盗版。